英语翻译理论与实践研究

王增光 唐艳 武丽红 著

延边大学出版社

图书在版编目（CIP）数据

英语翻译理论与实践研究 / 王增光，唐艳，武丽红
著. -- 延吉 : 延边大学出版社，2023.7
　ISBN 978-7-230-05205-4

Ⅰ．①英… Ⅱ．①王… ②唐… ③武… Ⅲ．①英语－翻译－研究 Ⅳ．①H315.9

中国国家版本馆CIP数据核字(2023)第133291号

英语翻译理论与实践研究

著　　者：王增光　唐 艳　武丽红
责任编辑：李逢雨
封面设计：文合文化
出版发行：延边大学出版社
社　　址：吉林省延吉市公园路977号　　邮　　编：133002
网　　址：http://www.ydcbs.com
E-mail：ydcbs@ydcbs.com
电　　话：0433-2732435　　　　传　　真：0433-2732434
发行电话：0433-2733056
印　　刷：三河市嵩川印刷有限公司
开　　本：787 mm×1092 mm　1/16
印　　张：10.25　　　　　　　　字　　数：215千字
版　　次：2023年7月　第1版
印　　次：2023年8月　第1次印刷
ISBN 978-7-230-05205-4

定　　价：49.80元

前　言

翻译是一种跨社会、跨文化、跨语言的交际活动，翻译的过程不仅是语言转换的过程，还是不同特征的文化转换的过程。翻译实践和理论息息相关，因为翻译实践是需要翻译理论来指导的。因此，应用翻译理论是翻译理论与翻译实践之间的桥梁，其最终目的是满足译文读者的需要。在翻译过程中，译者要从读者的角度出发，以翻译理论来指导翻译实践工作。

随着社会的发展，人们的交流越来越频繁，参与英语交流的人越来越多，这对英语翻译理论与实践的研究工作提出了更高的要求。本书对英语翻译理论与实践进行了系统研究，全书共分为五章。第一章为英语翻译理论概述，具体介绍了关联理论、认知语言学理论、语言行为理论、语篇理论等内容；第二章介绍了英语翻译的常用方法；第三章和第四章探究了英汉翻译中常见句型和常见篇章的翻译；第五章理论联系实际，对各类问题的英汉翻译进行了具体阐述。

本书在写作过程中借鉴了一些专家、学者的研究成果和资料，并由王新宇、续纪统筹指导，在此特向他们表示感谢。由于时间仓促，笔者写作水平有限，不足之处在所难免，恳请广大读者提出宝贵意见。

目　录

第一章　英语翻译理论概述 1
第一节　关联理论 1
第二节　认知语言学理论 5
第三节　言语行为理论 12
第四节　语篇理论 14

第二章　英语翻译的常用方法 16
第一节　缩译法 16
第二节　省译法 26
第三节　拆译法 33
第四节　重复法 43

第三章　常见句型的翻译 48
第一节　被动句的译法 48
第二节　名词性从句的译法 57
第三节　定语从句的译法 68
第四节　状语从句的译法 84

第四章　常见篇章的翻译 93
第一节　英语习语的翻译 93
第二节　篇章语言学与话语分析 105
第三节　篇章中的句型分类 106

第五章　英语各类文体的翻译 114
第一节　文学文体的翻译 114

第二节 新闻文体的翻译 132

　　第三节 应用性文体的翻译 144

参考文献 **155**

第一章 英语翻译理论概述

第一节 关联理论

一、关联理论的主要观点

语用学家综合认知科学、语言哲学和人类行为学的研究成果创立的关联理论，不仅在语用学界反响强烈，而且对语言学、文学、心理学、哲学等领域也产生了一定影响，对翻译研究同样具有积极的意义。恩斯特·奥古斯特·格特（Ernst-August Gutt）运用关联理论对翻译进行了专门研究，并在《翻译与关联：认知与语境》一书中进一步发展了关联理论，提出了一种全新的关联翻译理论，为翻译研究开辟了新的领域。

关联理论认为，若文本话语的内在关联性很强，则读者在阅读中无须付出太多的推理努力就能取得好的语境效果（语境含义或假设）；反之，若文本话语的内在关联性很弱，则读者在阅读过程中需付出较多的推理努力，才能取得好的语境效果。从文本的创作或翻译来看，好的文本或译本并不是向读者提供最大的内在关联性，而是向读者提供最佳的内在关联性。从文本或译本的解读来看，读者理解话语的标准就是在文本话语与自己的认知语境之间寻求最佳关联，而不是最大关联。这里的最佳关联是指用最小的推理努力取得最大的语境效果。内在关联性往往与文本的创作意图、社会功能、写作风格和文体色彩等有关。例如，以信息功能为主，含义单一、明确的实用文体往往能够提供较清楚的内在关联性，读者很容易直达其意；而意境深远、蕴含丰富的文学作品的内在关联性较为含蓄，为读者留下丰富的想象和推理空间。但无论文本的文体、风格或功能如何，都应该努力为读者提供最佳的内在关联性，使读者从文本话语中获得最大的语境效果。

关联理论是以认知和交际为基础的。在关联理论中,关联性被看作输入到认知过程中的话语、思想、记忆、行为、声音、情景、气味等的一种特性。语境是一个心理结构体,是存在于听话者头脑中的一系列假设,包括以下几个方面:

(1) 上下文,即在话语推理过程中明确表达出来的一组假设;

(2) 会话含义,即按照语用原则推导出来的一组假设;

(3) 百科知识,即涉及上述两类假设中相关概念的知识经验。

任何一个交际行为都是明示—推理的过程。听话人为了理解说话人的意图,必须根据关联理论把对方具有最佳关联性的言语刺激以及当时的交际情景当作信息输入,并从记忆中提取相关的百科知识与之匹配(即作出语境假设),在大脑中采用演绎规则对它们进行综合加工(付出一定的努力),最终获得语境效果。因此,话语理解的过程是通过语境进行推理的过程。

翻译本质上是一种言语交际活动,作者与译者构成交际双方,译者和译语读者(接受者)也构成交际双方。原作中的每一个语句、每一段话语对译者而言都是一种明示刺激。这种明示刺激或明示性话语就是一组语境线索,译者在言语刺激的作用下,激活其认知语境,利用词汇知识、逻辑知识、百科知识寻找关联进行推理,推导出作者的创作意图,进而理解原文。另外,译者要将自己的理解传达给接受者,就要调用目的语的认知语境,尽量将原作的内容和形式忠实地表达出来,使译文符合读者的期待。因此,关联理论框架下的翻译就是一种对源语进行语内或语际阐释的明示—推理活动,而这种明示—推理活动是依靠语境实现的。

关联理论认为,语境不是在话语生成之前预先确定的,而是听话者在话语理解的过程中不断选择的结果,随着交际过程的发展而不断变更。语境是一系列假设,也是一个大范围的概念。要使交际成功,就要寻找话语与语境之间的最佳关联。也就是说,要找到对方话语同语境假设的最佳关联,再通过推理推断出语境的暗含意思,最终获得语境效果。

制约对方话语同语境假设相关性的两大因素就是语境效果与推理努力。语境效果大,推理时付出的努力小,关联性就强。由于认知语境是因人而异的,人们对同一话语的推理往往有不同的结果。例如,某人在朋友家待了一段时间后,起身准备离开,这时天正下着雨,朋友说:"在下雨呢。"如果朋友是坐着说这句话,根据已有的认知语境,即"下雨时主人常留客人",结合朋友的话便可以得出结论:主人要留客人。但是,如果朋友一边递给客人一把伞一边开门说这句话，客人就要调整认知语境，搜索有关的信息：朋友大概有事，主人为客人开门常有送客之意，下雨出门需要打伞。根据这一组信息，结合朋友的话就可以推出结论：朋友不反对客人离开。因此，话语理解的过程实际上就是不断激活相关语境，寻找关联进行推理的过程。

在翻译活动中，译者扮演着信息输入（对原作的理解）和输出（言语产出）的双重角色。不同的译者有着不同的认知语境，同一个译者处在不同的时间、地点也会有不同的认知语境。在翻译过程中，译者必须依赖语境，从原作语句的刺激中寻找最佳关联，再把这种最佳关联传递给译语读者，也就是说译者把自己的理解传递给译语读者。由于译者的认知语境是动态的，加上不同语言构成的语篇或文本受不同语义、文化等诸多因素的制约，译文不可能完全对等原文。也就是说，翻译是动态的、波动的。

那么，翻译的动态性和波动性是不是就使译文无章可循了？事实上，并不是的。有专家认为，翻译的成功取决于相关因素间的趋同。趋同与趋异是相对的两个概念。翻译的成功指的是翻译的效度，与趋同度成正比，与趋异度成反比。趋同度越高，则趋异度越低，翻译的效度就高；反之，趋同度越低，则趋异度越高，翻译的效度就低。所以，要提高翻译的效度，译者必须使译文向原文趋同，以提高翻译的质量。

另外，译者必须从原作的语句刺激中寻找最大关联，再通过认知语境进行演绎推理，识别作者的交际意图，进而用正确的语码传递给接受者。译者只有在源语和译语之间找到它们最大的语义和语用关联时，译文才能最大限度地趋同于原文。因而，笔者认为翻译的趋同可分为语义趋同和语用趋同。

语义趋同是指在语言形式和规约意义上的趋同，语用趋同则是指在内容和隐含意义上的趋同。规约意义的识别受语境的干扰较小，而隐含意义的识别必须借助语境进行推理才能实现。在翻译中，译者必须依赖语境寻找关联，通过推理识别作者的交际意图，并对接受者的认知语境作出正确的假设、选择适当的译语，努力使作者的交际意图与译语读者的期待相吻合。翻译的本质是交际的、语用的。因此，质量好的译文必须兼有语义趋同和语用趋同。如果仅有语义趋同，译文就可能传达不出作者的交际意图，变成"曲译"或"死译"。当然，在无法兼顾语义趋同和语用趋同时，译者就应该想方设法做到译文的语用趋同，以传达出作者的交际意图。

二、关联理论对英语翻译的启示

关联理论对翻译有很大启示,它告诉人们,要进行翻译先理解原文。根据关联理论,译者要准确无误地理解原文的语境,并根据语境作出认知假设,找出原文与认知假设之间的最佳关联,从而理解原文的语境效果。寻找关联要靠译者的百科知识、原文语言提供的逻辑信息和词语信息。因此,寻找关联就是译者认识、推理的过程。更为重要的是,翻译是作者—译者—读者三元关系,作者和译者的认知环境不同,作者力图实现的语境效果同译者通过从原文和语境中寻找关联而获得的语境效果是两回事。这样一来,原文信息和译文传达的信息就不可能完全对等,翻译只能做到"达义""对体""求形"。

"达义"是指正确地表达原文的意义。意义是交际的核心内容,准确无误地表达原文的意义是翻译的首要任务。无论是明说还是暗含,意义的语码转换都是可行的。"意义"包括两层意思,一个是"意",另一个是"义"。"意"是指意图,即作者的交际意图。从这个角度来说,翻译就是译意。

"对体"是指文体和体裁。在翻译中,两种语言的体裁要相吻合,诗歌绝不可译成散文,戏剧绝不可译成小说。英国作家费利克斯·格林(Felix Greene)认为,"scramble"表示"竞争"的意思时,多用于描述儿童争夺一块巧克力时乱作一团的情景,而在严肃的场合表示"竞争"的意思,使用中性的"struggle"更为得体。

"求形"是指两国的文化具有差异,语言表达的形式不可能完全一致,只能做到有者同形、无者异形,译文应符合本国语言的习惯。例如,英语的习语"One boy is a boy, two boys half a boy, three boys no boy."可被译成汉语谚语"一个和尚挑水吃,两个和尚抬水吃,三个和尚没水吃",但"He was like a drowned rat."不可被译成"他湿得像老鼠",而应被译成"他湿得像落汤鸡"。

第二节 认知语言学理论

一、认知语言学的意义观

（一）认知语言学的意义观的主要内容

传统的意义观包括指称论、使用论、行为主义论、真值条件论、概念论、成分论等。传统的意义观是四种主要语言学范式（即传统哲学、对比语言学、结构主义语言学和转换深层语法）意义观的具体体现。这四种语言学范式虽然有不足之处，但都属于客观主义语言学范畴。有学者曾严厉批判了客观主义语言学，并指出客观主义语言学意义观的核心观点：语言是对现实世界直接的镜像反映，意义来自语言本身，人们通过语言的意义得到对现实世界准确的理解。由此可以得出，描述同一场景的不同表达具有相同的意义，因为它们反映的是同一场景，如"玛丽把杯子打破了"既可以被译为"Mary broke the cup."，也可以被译为"The cup was broken by Mary."。

与客观主义语言学的意义观不同，认知语言学的意义观认为，意义并不是来自语言本身，而是来自对体验的理解，语言仅仅起激活意义的作用，语言与意义之间是引导与被引导的关系，而意义就是概念化。具体地说，意义存在于人们的大脑中，而不是存在于语言中，语言的作用只是激活其意义和所属的概念框架。意义或概念化存在于现实世界和概念结构之间，是人类认知过程的结果，而认知过程是指人类识解现实世界的过程。因此，意义或概念化是人类用识解的方式感知和体验现实世界的结果，每一层意义不仅包括具体的概念内容，还包括相应的识解方式。

正如有些学者所说，语言的意义由概念内容和识解构成，具有挑战性的意义观尤其不能忽视后者。由此可知，能够激活相应概念框架中某一意义的表达必定反映隐含在意义中的某一识解方式。换句话说，某一具体语言构造的使用事实上赋予了所构造场景的某一具体意象。因此，根据认知语言学的意义观，可以断定上文中给出的论断是不合理的:尽管"玛丽把杯子打破了"的两种英文翻译可以激活同样的概念内容,但是译文"The cup is broken by Mary."不能激活与源语表达一致的识解方式,因此改变了源语表达的意义。

为了说明认知语言学的意义观,被动句常常被用作示例。这一做法大大限制了读者对认知语言学的意义观的理解,甚至会误认为认知语言学的意义观只适用于句法层面。事实上,词汇和句法都可以用来表示认知语言学的意义观,两者没有明显的区别。有学者指出,词和句子形成了一个符号元素的连续体,这就意味着词和句子都是语言构造,都可以构造概念或场景,赋予概念或场景识解方式。名词属于词的范畴,由此可推导出每一个指称概念的名词实际上都体现了相应的识解方式。

(二)认知语言学的意义观与译者主体性

传统的意义观根植于客观主义语言学范畴,认为意义是客观存在的,每个句子都有一个客观意义,这个客观意义不关乎任何一个人,而是独立存在的。认知语言学意义观的哲学基础是经验现实主义,它认为没有独立于人的认知之外的意义,语言符号不是对应于客观的外部世界,人的认知参与了语言的意义和推理。因此,意义不能独立于人的认知而存在,这一观点同样适用于隐喻。

王寅在分析隐喻的工作机制时认为,同一种语言和文化中的交际双方共享的语境知识、文化、常规模式等因素是隐喻实现其交际价值的基础。在这个基础上,隐喻意义才得以形成和识别,即双方达成对某隐喻意义的共识,这样隐喻才获得其存在的可能,才会具有生命力。同时,他也指出人们的认知能力是有差别的,这会导致人们对隐喻理解的偏差。从跨文化交际的翻译角度来说,隐喻理解的偏差是大量客观存在的。不同文化背景的目的语读者能否通过翻译感知到作者要表达的隐喻意义,无疑是检验翻译质量高低的一个重要标准。翻译既是一种语际交流、跨文化交际,也是意义通过译者从作者向目的语读者传递的过程。传统翻译观认为译者居于从属地位,是作者和读者之间的隐形人。解构主义颠覆了这一观点,认为译文不再是原文的附庸。此后,译者在作者和读者之间逐渐显露作用。

20 世纪 70 年代,翻译界出现的文化转向在一定程度上凸显了译者的主体性。译者从被动、从属的地位中解放出来,享有翻译主体的充分自由,能凸显个人的意志、张扬个性、发挥个人的主观能动性,使平等对话与创译成为可能。但是,译者的主体性并不意味着译者可以恣意妄为。译者的主观能动性必须是建立在客观文本的基础之上的,以译者本身的认知结构为依托，体现作者的认知结构和对目的语读者认知能力的预测。无论译者在翻译过程中体现怎样的个人意志、采取怎样的翻译策略，译者主体性所起到的作用最终还是传达意义，为跨文化交际这一目的服务。也就是说，译者既要面对作者，又要面对读者，考虑读者在自身文化中的接受能力。词汇隐喻的翻译对译者提出了较高要求，译者需以传达意义为目的，力求在源语和目的语以及两种文化之间取得完美的平衡。

（三）认知语言学的意义观对名词翻译的启示

意义由概念内容和识解方式构成，译者在用某一名词激活某一意义也是在选择某一意象构建某一场景，而翻译是在目的语中再现源语的意义。因此，名词翻译的原则是以认知意义为导向，即意义的概念内容和识解方式都应该在目的语中再现。然而，名词本身的特点使得这一名词翻译原则的实施困难重重。人们日常生活中涉及的名词性概念主要来自人类共有的基本领域，如衣、食、住、行等，这就意味着这些名词性概念存在于汉英两种语言中并且都有自己约定俗成的词汇表征。因此，如果按照名词翻译原则直接把汉语名词翻译到英语里，虽然原词所激活的概念内容和识解方式在英语里能够得到体现，但有可能在英语里无法激活与在汉语里一样的概念，甚至会导致误解，反之亦然。

这是因为汉英两种语言在概念化同一实体时所采用的识解方式不同，自然无法激活同一概念。例如"床头柜"，如果根据名词翻译原则将其译为"bed-head cabinet"，就很有可能在英语读者头脑里激活像衣柜那样的实体，而不是摆在床边的小桌子。因此，名词翻译原则只是描述了一种理想状态，考虑到源语意义的成功传递和目的语读者的理解两个因素，名词翻译原则应进一步修正为"在翻译名词时，译者首先应该尽量在目的语中再现原名词的概念内容和识解方式，若无法达到两者的同时再现，译者应该舍弃原名词的识解方式，而选择与目的语一致的识解方式"。基于以上观点，以下将具体探讨概念共享及概念缺失情况下的名词翻译。

1.概念共享下的名词翻译

汉英两种语言词汇表征同一名词性概念时存在以下两种情况：

第一种情况是同一名词性概念在汉英两种语言中都有词汇表征，而且汉英两种语言词汇表征体现相同的识解方式。这种情况下的名词翻译策略为"如果原名词所表征的概念为汉英两种语言所共有，并且在目的语中由体现相同识解方式的词汇来表征，那么原名词所激活的概念内容和识解方式都应该在译文中体现出来"。例如，概念"bookshelf"在汉语里词汇表征为"书架"，该词体现了功能视角的识解方式，即该词所表征的实体是用来放书的；而在英语里，概念词汇表征为"bookshelf"，其激活的识解方式与汉语"书架"是一样的。因此，英译"书架"时，激活的概念内容和识解方式都应该在英语中得到再现，翻译为"bookshelf"。由于这种名词翻译方法沿用了原名词的识解方式，所以笔者将其命名为传承法。

第二种情况则是名词所表征的概念为汉英两种语言所共有，但在两种语言中分别由其约定俗成的词汇表征，即原名词所表征的概念为两种语言所共有，但目的语中表征此概念的名词体现了不同的识解方式。由于两种语言采用了不同的识解方式，如果译者依然在目的语中再现原名词的概念内容和识解方式，目的语读者的头脑中就无法激活同一概念内容。因此，为了激活同一概念内容，只有舍弃原名词的识解方式，以适应目的语中已经存在的识解方式。例如，有一种发型在英语中表征为"afro"，体现了转喻识解，即整个范畴被用来指代这一范畴特有的特征；而在汉语中此概念表征为"爆炸头"，体现了隐喻识解，即头发的形状与爆炸时的情景相似。当汉译"afro"时，如果把其包含的识解方式保留在汉语译文中而将其译为"非洲"，那么很有可能无法在汉语读者的头脑中激活"发型"这一概念。因此，汉译"afro"时，译者应该在汉语目的语中选择体现相同识解方式的词，如"爆炸头""蜂窝头"及其他体现类似隐喻识解的词。这种翻译方法涉及参照目的语中的识解方式，因此被命名为参照法。

2.概念缺失下的名词翻译

以上主要在阐释翻译性质和认知语言学意义观的基础上提出了名词翻译原则，并在名词翻译原则的基础上提出了概念共享下的名词翻译策略，即传承法和参照法。下面运用这两种翻译策略来探讨概念缺失下的名词翻译，以期能为相关的名词翻译提供依据，并为评价已有的名词翻译提供评价标准。

概念缺失是指原名词所表征的概念是源语独有的，在目的语中不存在这一概念。这种情况下的名词翻译方法则为传承法和参照法的结合，即参照与原概念所在的原框架相似的目的框架中相关概念的识解方式，然后决定是否传承原名词所激活的识解方式。例如，"毛笔"所表征的概念是汉语独有的，英语无此概念，但是英语中有"quill pen"（羽毛笔）、"steel pen"（钢笔）和"lead pen"（铅笔）等概念，其与原名词所表征的概念处在同一框架下，即 pen（笔）框架。那么，在翻译"毛笔"时，译者就可以参照原概念的识解方式。

如果原概念的识解方式与目的语相关概念的识解方式一致，那么原概念的识解方式就能够在目的语中得到传承。例如，"quill pen""steel pen"和"lead pen"这些名词表征表明英语是从质地材料视角来概念化相关实体的。而汉语表达"毛笔"也反映了相同的质地材料视角识解方式。因此，"毛笔"可被翻译为"hair pen"。这样，不仅原概念中的识解方式在目的语中得到再现，而且也便于目的语读者的理解，目的语读者可以通过人类普遍存在的识解方式，即类比思维方式来理解"hair pen"。通过类比，目的语读者可以推导出"hair pen"与"quill pen""steel pen""lead pen"一样，也是一种笔，不同的是前者的笔尖是用毛做的，后者的笔尖则分别是用羽毛、钢、铅做的。如果原概念的识解方式与目的语相同概念的识解方式不一致，那么翻译时就应该适应目的语中的识解方式。例如，"contact lens"所表征的概念起初是英语专有的，凸显眼睛和镜片之间的距离。在汉语里，同处"lens"框架下的概念词汇表征为"眼镜""墨镜"等。从这些词汇表征可知，汉语主要根据镜片位置或颜色来识解这一实体。因此，译者可以参照这两种视角识解方式把"contact lens"翻译为"眼内镜"或"隐形眼镜"。与此同时，还存在另一种情况，即目的语中不存在与源语特有的概念处在相同或相似框架下的概念，也就是不存在参照的可能性。例如，英语中没有概念与汉语概念"阴"和"阳"处在同一框架下。对于这种情况，译者只能在目的语中完完全全地再现源语的识解方式，将"阴"和"阳"译为"yin"和"yang"。

二、认知语言学的翻译观

（一）认知语言学的翻译观的主要内容

认知语言学的翻译观认为，翻译是以现实体验为背景的认知主体参与的多重互动作用为认知基础的，译者在透彻理解源语语篇所表达的各类意义的基础上，尽量将其在目的语中表达出来，在译文中应着力勾画出作者所欲描写的现实世界和认知世界。认知语言学的翻译观强调体验和认知的制约作用，重视作者、作品和读者之间的互动关系，追求实现"解释的合理性"和"翻译的和谐性"。认知语言学的翻译观建立在体验哲学的基础上，与传统的以文本为中心的翻译观和传统语言学的翻译观相比，认知语言学的翻译观突出了主体认知活动在翻译中的表现。这是有关翻译活动的一个本质现象，却一直未能在翻译研究中得到足够的重视。同时，相比解构主义、阐释学和文化学派的翻译观等强调译者（解构者或阐释者）本身的视域、经验和立场等主体性因素在翻译活动中的作用，认知语言学的翻译观提出要充分发挥体验和认知对主体性因素的制约作用。

认知语言学的翻译观一方面承认认知活动对翻译的决定作用，即译文是体验和认知的结果；另一方面，又指出译者作为认知主体之一应受到其他参与翻译活动的认知主体间互动的制约，翻译时应"创而有度"，而不是"任意发挥"。

因此，认知语言学的翻译观是一种追求平衡的翻译观。换言之，认知语言学的翻译观承认并描述了认知活动在翻译行为中的客观存在，同时又提出译者必须尽量重现原文所表达的客观世界和认知世界；它既是看待翻译活动的一种新的整合性视角，又从认知的角度提出了翻译活动的标准。

（二）认知语言学的翻译观对文化意象翻译的启示

1.对文化翻译模式的启示

一个社会的文化是这个社会成员所共有的。它的形成建立在社会成员对客观世界体验的基础上。因此，它必然与其他文化在某些方面具有相似性，这使得不同文化之间的交流和翻译成为可能。在当今的跨文化交际中，译者是文化间的协调者。

然而，在体验客观世界的过程中，社会成员并不是直接反映外部世界，而是与外部世界进行互动。互动则要求人们充分发挥主观性识解现实世界。此外，人们的主观性使得其识解结果存在差异性。也就是说，在感知同一认知对象时人们由于自身体验的差异性，会有不同的认知结果。

2.对文化意象翻译的启示

异化翻译与归化翻译是翻译文化意象的两种主要翻译策略。劳伦斯·韦努蒂（Lawrence Venuti）认为，异化翻译通过打破目的语中惯用的文化编码来保留源语文本的异域性。这意味着在进行文化意象翻译时，原文化意象应该保留。在译文中，尽管这有可能违背了目的语的文化编码。异化翻译只考虑了源语文化或作者的因素，而没有考虑目的语文化或读者的因素。而归化翻译恰好与异化翻译对立，它主张采用符合目的语表达规范的自然、流畅的语言风格，最大限度地淡化源语的陌生感，尽可能地使源语表达的世界与目的语文化读者的世界相近，使作者靠近目的语读者。这种翻译思想在奈达主张的"动态对等""功能对等"观点中得到充分体现。奈达指出，动态对等翻译旨在达到表达完整、自然，并试图把接受者与其自身文化语境下的相关行为准则联系起来。

在进行文化意象翻译时，原文化意象应该被消除，因为其对目的文化来说具有异域性，违背了目的文化的行为准则。显然，归化翻译只关注目的语文化或目的语读者的因素。因此，归化翻译和异化翻译都具有片面性，它们相互排斥，是两种极端的做法，都不适合当前跨文化交际环境下的文化意象翻译。

认知语言学的翻译观在某种程度上弥补了归化翻译和异化翻译的不足，提出了翻译的和谐性。为了实现文化意象翻译的和谐性——文化意象的有效传递和理解，作为文化协调者的译者必须注意翻译中各个因素之间的互动，即要充分考虑源语文化、作者、目的语文化、目的语读者等因素。译者以其个人经验或百科知识为基础，首先需要识解源语文化意象。而要识解源语文化意象，译者还必须了解文化意象的基础，即源语文化。但是，一个文化意象在一种文化中可能有几个相似或不同的含义，这就需要译者通过与源语语境或作者的交际意图进行互动，推敲出某一具体文化意象的"独立于语境的原型含义"。例如，在中国文化中，文化意象"龙"有"神圣""权威""高贵""成功""能力""雨水"等相似或不同的文化含义。译者需要通过识解具体的语境和作者的意图来确定"龙"的具体含义，"望子成龙"中的"龙"就应该被识解为"成功"或"能力"。又如，文化意象"竹"在中国文化中有"事情发展得很快""正直的性格""冷静的心态"等文化含义，北宋文学家欧阳修的诗句"竹色君子德，猗猗寒更绿"中的"竹"就应该被识解为"正直的性格"。

一方面，译者应该与目的语文化或读者互动，考虑如何使用符合目的语文化编码和语言规则的语言来表达其识解结果，从而使目的语读者较容易地理解译文；另一方面，译者也要认真思考采取什么样的方式既能有效地在译文中传递源语文化，又能便于目的语读者理解，从而促进源语文化与目的语文化之间的有效交流，最终实现翻译的和谐性。

根据上文对异化翻译、归化翻译和认知语言学翻译观的探讨可知，异化和归化是可以相互兼容的组合关系，而不是相互排斥的聚合关系，译者在翻译时应该适当地将其结合，人们把这种处理方法叫作"融合"策略，即文化意象翻译的"融合"策略。

第三节 言语行为理论

言语行为早在 20 世纪 50 年代就是语言哲学家的研究对象。言语行为是指人们为实现交际目的而在具体的语境中使用语言的行为。言语行为并非"言语的行为",而是一种交际活动,涉及说话者说话时的意图和他想在听话者身上达到的效果,即言语就是行为。言语行为理论的创始人是英国哲学家奥斯汀(J.Austin)。他提出了言语行为的三分说:言内行为、言外行为及言后行为。

言内行为指的是"说话"这一行为本身,即发出语音,说出单词、短语和句子等。言内行为本身不能构成语言交际。言外行为是通过"说话"这一动作所实施的一种行为,如传递信息、发出命令、问候致意等。言后行为是指说话带来的后果,即说话人说出话语后在听话人身上产生了哪些效果。例如,"我饿了"这一言语行为,其言内行为就是说出这三个字;言外行为是说话人的一种"请求"行为,请求听话人能够提供一些食物;对方提供食物与否就是言后行为。在这三种言语行为中,语用研究最感兴趣的是言外行为,因为它同说话人的意图一致。说话人如何使用语言表达自己的意图,以及听话人如何正确理解说话人的意图是研究语言交际的中心问题。

一、理解原文的内涵

翻译是一种跨语言、跨文化的交际行为。根据认知语用学的观点,要确定话语意义就必须充分考虑说话人的意图或语用用意、交际场合,以及听话人的背景知识、信念、态度等语境因素。语境因素往往不止一个,它既可以是语言语境(上下文),也可以是具体语境(交际场合),还可以是认知语境(记忆和知识结构),说话人正是通过这一系列语境信息来传达他(她)想要表达的话语意义。根据言语行为理论,译者在翻译过程中,除了要理解原文的字面意义,更重要的是要弄清作者的真正意图,同时根据不同的交际情景、文化传统、社会条件、思维方式、语言结构等有的放矢,这样才能译出精品佳作来。

二、注意言外之意

翻译最主要、最根本的任务是再现原文的意义。所以，要了解不同文化的内涵及其言外之意。英语和汉语有着由人类共性所决定的语言共性，这也是英语和汉语得以互译的前提。但是，英语和汉语分属于两种截然不同的语系，在语音、词汇、语法、语义等各方面具有很大的差异，正是这些差异给英语和汉语的顺畅互译带来了障碍。

三、英汉语义对比的重要性

在很多情况下，处于不同语言文化中的人对同一客观事物的反应是相同的，用以描绘这个事物的语言在语义上也没有差异。中国人所说的电视机和英语中的"television"是完全对应的，没有其他附加的文化色彩，这类表示实体的词比较容易翻译。在英汉语言中，这些词的指代十分清楚，没有文化上的差异。但有些表示概念或抽象的词，其核心语义在英汉语言中没有大的差异，所附加的文化含义却有很大不同。

有时，在英汉两种语言中，词的指代完全一样，文化含义却截然相反。在翻译过程中，在不同语言之间找对应词会很困难，即使找到了最接近的词，也可能不是真正意义上的对应。因为人们不得不借助词这个媒介进行交流，所以使用词语的人即使知道所用之语和现实所指并不完全一致，也只能使用那个词。英汉语义对比有助于增强译者的预见性。例如，英语词义灵活，含义宽泛；汉语语义固定、严谨、精确。因此，要预先留意英汉词义的适应性，把握其内涵，而非英汉字典给定的字面意义，这样才能为英汉翻译打好词汇基础。

第四节 语篇理论

伯格兰德（R.A.de Beaugrande）在其 1978 年发表的《诗歌译论要素》一书中指出："翻译的基本单位不是单词，也不是单个句子，而是语篇。"20 世纪七八十年代以来，随着语篇语言学的发展，语篇作为翻译基本单位的主张得到认同，"语篇"一词逐渐流行起来。

一、语篇理论的主要内容

"语篇"是指"一段有意义、传达一个完整信息、逻辑连贯、语言衔接、具有一定交际目的和功能的语言单位或交际事件"。胡壮麟认为，语篇是指任何不完全受句子语法约束的在一定语境下表达完整语义的自然语言……目的是通过语言这一媒介实现具体的交际任务或完成一定行为。此外，他还对语篇范畴作了规定："语篇是广义的，既包括'话语'（discourse），也包括'篇章'（text）"。这里的"篇章"和"话语"都是语篇的组成部分。

有国外学者认为，语篇不是形式单位而是意义单位。还有学者把语篇定义为"交际事例"，认为语篇需要满足七个条件：衔接性、连贯性、意图性、可接受性、信息性、情景性和互文性。也有学者认为，语篇是一个具有一致性和连贯性的单位，由一个或多个相互关联的句子组成，并具有某种特殊的修辞义。

由此可见，语篇是一个具有相对独立意义的语言单位，包括的内容超越语法结构，具有一定的连贯性和一致性。

从"外部"来看，不同语篇在翻译中必须进行不同处理。例如，对文学语篇的翻译要注重语篇风格的文学性、艺术性；对政论语篇的翻译要注重语篇风格的严肃性、庄重性；对传媒语篇的翻译要注重语篇风格的信息性、可读性；对科技语篇的翻译要注重语篇风格的专业性、术语性；对法律语篇的翻译要注重语篇风格的严格性、精确性等。从

"内部"来看,所有类型的语篇翻译都必须使目的语篇具有衔接性、连贯性等特征,否则翻译出来的将是"非语篇"。

很多把句子翻译得很好的译者,一旦接触到篇章翻译就感到无从下手,或翻译的每个句子独立地看都符合翻译要求(意义正确、语言流畅),但放到一起读就会出现语言表达不衔接、语体不连贯等问题。谭载喜在《语篇与翻译:论三大关系》一文中指出:"一是翻译过程是一个上步决定下步、一步决定一步、步步相接、环环相扣的过程;二是在'翻译本体'范畴里,翻译的基本单位应当是构成语篇的各个'句子',而在'非全译'的'翻译变体'范畴里,翻译的基本单位则是'语篇';三是把'句子'作为翻译的基本单位,它必须始终受'衔接''连贯'等构成语篇的各个基本要素,即'谋篇'要素的调节和制约,从而使单句连成整体,构成目的语篇。"由此可见,语篇概念在翻译中起的作用十分关键。

二、语篇意识对英语翻译的启示

首先,在语篇中,任何一个词的出现都离不开它的语境。英汉两种语言在显示语境上有一个明显的区别,那就是在上下文语境清楚的情况下间接转述他人的话语时,英语不必加上"He said""He asked"等标记词语,而汉语是必须将情境明确标记出来的。

其次,利用语篇理论掌握高质量译文的标准,如句子、段落之间的连贯与衔接,语篇叙述在整体上的一致性,等等。译者要有意识地使用多种翻译技巧,如合译、增译、补译、省略成分等。例如,根据各部分内容之间的逻辑关系,添加"so that""because""for"等连接词,在最后可以使用"this""it"与上下文形成照应,使译文成为结构衔接、语义连贯的有机整体。如果仅局限于句子的视角,这些翻译技巧就显得毫无必要。

再次,对译者来说,与其片面地在词上追求对应,不如认真理解整个语篇,根据自己的理解再造一个文本,再回过头来修补偏差,这样更容易取得进步。著名翻译家杨绛在总结翻译经验时这样总结翻译的过程:先对原文概括、缩减基本句意,再润色加工生成译文。

第二章 英语翻译的常用方法

第一节 缩译法

　　由于英语和汉语隶属于两个不同的语系，因此它们在语义、词法和句法等方面存在巨大的差异。例如，英语中存在语法意义上的屈折变化，包括数、格、时态、人称、比较等级等，而汉语中却不存在屈折变化。又如，英语重形合，通过连词、介词等小品词来表达逻辑关系和句法意义；而汉语重意合，通过词和句子的意义来表达逻辑关系和句法意义。因此，在英汉翻译时，要采取对应的翻译方法才能将英语原文传递的意思准确地用汉语表达出来，缩译法就是其中一种方法。

　　"缩"有去其糟粕，取其精华的意思。缩译法就是指翻译原作中的精华部分，删去不符合汉语语法规则或冗余的部分。缩译法可运用于句子、段落和篇章的翻译。以句子为单位练习缩译法有助于初学者掌握缩译技巧。因此，本节主要讲述以句子为翻译单位的缩译。将缩译法运用于翻译实践时，应找出原句的主体框架，适当压缩其内容，吸取其精华。缩译后的句子是原句的缩减版，但是仍应尽量地保留原句的概貌和风姿。缩译法运用于句子的翻译可分为多个简单句的缩译、复合句的缩译、特殊句型的缩译、俚语的缩译和惯用语的缩译。

一、简单句的缩译

　　简单句是指句子中只包含一套主谓结构且句子的各成分都是由单词或短语构成的独立句子或分句。简单句中的主语和谓语是句子的主干，是句子的核心，因此也是翻译时所要重视的部分。英语中常用多个简单句来描述事物或表达情感。如上所说，英语重形合，每个简单句都包含一套主谓结构，当描述一个事物或表达一种情感时，这些简单句的主谓结构都会围绕同一个主题；而汉语重意合，靠词语和句法来表达意义，不像英语通过句子结构来传递意义。多个简单句若直译成汉语，定会显得啰唆，因此缩译法是翻译多个简单句的必要选择。多个简单句的缩译技巧包括：提取多个简单句的共同主语，将简单句缩译为定语，以及将简单句缩译为状语。

（一）提取多个简单句的共同主语

在英语中，多个简单句描述一个事物或表达一种情感时，虽然主谓结构不一定都相同，但是其主谓结构围绕的主题都是相同的，所以翻译成汉语时，可以找准多个简单句之间的关系，提取共同的主语，使译文简洁精练。

（1）He was very clean. His mind was open.

他为人正派坦率。

（2）Creativity and imagination are important in painting. They are indispensable.

在绘画中，创造力和想象力是非常重要且必不可少的。

（3）Tom has two houses. Both of them are inherited from his grandfather.

汤姆的两座房子都是从他爷爷那里继承的。

（4）It is an interesting speech. People learn a lot from it.

这个演讲既有趣又使人获益。

（5）He took a longtime training. It is boring and useless.

他参加了一次无聊又没用的长期训练。

（二）将简单句缩译为定语

多个简单句中可以提取出共同主语，同时也可通过分析句子意思和关系，找出主干句子，将剩余的简单句缩译成定语嵌入主干句子中，去掉累赘部分，使译文结构紧凑。

（1）He drove his daughter to hospital in a hurry. She had a high fever.

他急忙开车送他发高烧的女儿去医院。

（2）She bought two cars. Both of them are expensive.

她买了两辆昂贵的车。

（3）Joy made a long speech. He had no point.

乔伊做了一个冗长又毫无重点的演讲。

（4）He has his lunch in a topic restaurant. Almost no tables in there are available.

他在一家几乎没有空座位的主题餐厅吃午饭。

（5）The company establishes a factory in this city. The mineral resources in this city are abundant.

该公司在这座矿产资源丰富的城市建了一个工厂。

（三）将简单句缩译为状语

在使用多个简单句描述事物或表达情感时，有些句子可能描述的是时间或者地点。在这种情况下，为了使译文更简洁明了，意思表达得更为清晰，可将这些句子缩译成时间状语或地点状语。

（1）The past twenty years is a blink of an eye. Many changes took place in here.

在过去转眼而逝的二十年里，这里发生了许多变化。

（2）It was May 1999. His first child was born.

1999年5月，他的第一个孩子出生了。

（3）Disney Park is interesting. The school holds many activities in there.

学校在有趣的迪士尼乐园里举办了很多活动。

（4）This place is full of her memories. She always makes meditation here.

她经常在这个充满回忆的地方冥想。

（5）It is a sweet party. All the people enjoy it.

所有人在这个温馨的聚会上都玩得很开心。

★实战练习

试译下列句子，并注意缩译法的使用。

1. Brown had a long discussion with him. He got nowhere.

2. He has two dogs. They are adopted.

3. The government has put forward a plan. It is practical.

4. Two museums are built in this city. Both of them have the same topic: furniture.

5. He establishes a factory to make cellphones. It is well equipped.

6. Tom has published a book. The main idea of it is the protection of animals.

7. The hospital is well equipped. All the patients get the best treatment.

8. The university life is excellent. We learn a lot during this period.

★练习答案

1. 布朗同他进行了长时间的讨论，但毫无结果。

2. 他有两只领养的狗。

3. 政府提出了一个切实可行的计划。

4. 这座城市新建了两个以家具为主题的博物馆。

5. 他建了一个制造手机的工厂，设备齐全。

6. 汤姆出了一本以保护动物为主题的书。

7. 所有的病人在这个设备齐全的医院都得到了最好的治疗。

8. 在美好的大学生活中，我们受益匪浅。

二、复合句的缩译

复合句包括并列复合句和从属复合句。并列复合句是指由并列连词 and、or、but 连接的句子。从属复合句是指由一个主句和一个或一个以上的从句构成的句子。从属复合句中的主句是全句的主体，可以单独存在，而从句虽然有主谓部分，有完整的句子结构，但是不能独立存在。从属复合句中的从句必须由一个关联词引导，根据引导词的不同，从句可分为主语从句、表语从句、宾语从句、定语从句和状语从句等。复合句的缩译可分为从属复合句的缩译和并列复合句的缩译。

（一）从属复合句的缩译

从属复合句是英语中特有的，在汉语中不存在。因此，翻译时不能简单地按照结构和字面意义翻译，而应压缩从句，使译文符合汉语语法规则。简而言之，缩译从属复合句就是提取主体句，将从句化句为词，使译文结构紧凑、语言规范。从属复合句的缩译技巧有以下两种：化从句为词作同位语和化从句为词作定语。

1.化从句为词作同位语

从属复合句中定语从句都有一个名词作先行词，运用缩译法时，可将定语从句压缩成先行词的同位语，置于先行词之后，以逗号隔开。例如：

（1）Mo Yan who has won the Nobel Literature Prize is popular among the Chinese people.

莫言，诺贝尔文学奖的获得者，在中国很受欢迎。

（2）The beautiful necklace which was the favorite jewellery of the Queen was bought by a businessman.

那条漂亮的项链，女王曾经最喜欢的珠宝，被一个商人买走了。

（3）The politician who is a defender of human rights helps the worker get their salary.

那个政治家，人权的捍卫者，帮助工人领到了工资。

（4）The classic vase which is a precious in the Qing Dynasty won a lot of applause.

那个古典花瓶，清朝时期的珍品，广受好评。

2. 化从句为词作定语

如上所述，从属复合句中的定语从句有先行词引导，同位语从句也不例外。这两种从句都可压缩成定语来修饰先行词，使译文简洁精练。例如：

（1）Jeremy doesn't like his uncle who is always drinking.

杰里米不喜欢他酗酒的叔叔。

（2）The idea which is unrealistic is rejected by the committee.

那个不切实际的想法被委员会拒绝了。

（3）Their suggestion that the factory should be rebuilt is accepted.

他们提出的重建工厂的建议被采纳了。

（4）The news that our team has won the game is known to the whole school.

我们队赢得比赛的消息已传遍全校。

（二）并列复合句的缩译

并列复合句由连词 and、or、but 连接，前后两个句子存在着一定的逻辑关系。并列复合句的缩译就是找出并列句之间的关系，将并列句糅合成一个简单句。缩译后的句子虽比原文简短，但是每个分句的意思都应糅合进译文，要忠实于原文。例如：

（1）In 1844, Engels met Max, and they became friends.

1844年，恩格斯与马克思相遇并成为朋友。

（2）The leaders of the two countries have a nice talk and they leave good impressions to each other.

两国领导人交谈甚欢，给彼此留下了很好的印象。

（3）Before he moved to this city, he had competed his study before 1989, and he had been appointed director of a Medical Research center.

在来这座城市之前，他于1989年前完成了学业并成为一家医学研究中心的主任。

（4）You should work harder or you will achieve nothing.

你必须努力工作，否则将一事无成。

★实战练习

试译下列句子，并注意缩译法的使用。

1. Confucius who is the greatest ideologist made great contributions to our world.

2. The superstar who is the spokesman of this jewellery made fake advertisement.

3. *The Last Supper* which is Leonardo da Vinci's famous painting is on display in the museum.

4. Kate likes the music, which is sweet.

5. Failure which is the antithesis of success teaches people a lot.

6. She was moved by the story that the protagonist finds true love.

7. The scientists spent a lot of time to find a cure for tuberculosis and they finally succeeded.

8. You should get up early tomorrow, or you will miss the first bus.

★练习答案

1. 孔子，最伟大的思想家，为我们的世界作出了巨大贡献。

2. 那个超级明星，珠宝的代言人，做了虚假的广告宣传。

3. 《最后的晚餐》，列奥纳多·达·芬奇的名画，正在博物馆里展览。

4. 凯特喜欢听温馨的歌。

5. 失败，成功的反义词，教会人们很多。

6. 她被那个主人公最终找到了真爱的故事感动了。

7. 科学家们长期寻找肺结核的治愈方法，最终成功了。

8. 你明天必须早起，否则赶不上早班车。

三、特殊句型的缩译

英语中的特殊句型包括 there be 句型和强调句句型。这两种句型是英语中特有的，在汉语中不存在。因此，在英译汉时不能生搬硬套，应选取合适的翻译方法。缩译法作为常用的一种翻译方法也适用于这两种句型的翻译。

（一）there be 句型的缩译

there be 句型的句子结构中，there be 看似是主语和谓语，其实不然。句子真正的主语在 there be 的后面，翻译时要找准句子真正的主语，将原句翻译成简洁精练的句子。

（1）There is no time when the circulation of water does not take place.

水循环无时不在进行。

（2）No one had told him anything about there being a beautiful story about the lake.

没人告诉他关于这个湖有一个美好的故事。

（二）强调句型的缩译

同 there be 句型一样，强调句型中的 it is 看似是主谓结构，但是只是形式上的，真正的主谓结构在 that 后面。由于"it is…that"只具有形式意义，而不具有实际意义，所以强调句型的翻译可采用缩译法来压缩句子，找准主干，删去赘余部分。

（1）It is from the sun that we get light and heat.

我们从太阳那里获得光和热。

（2）It was not until midnight that he came home.

直到半夜他才回家。

（3）It is Mary who helps the lost dog find a home.

是玛丽帮助了这只迷路的小狗找到了家。

（4）It was a piece of bread that I needed.

我需要的只是一块面包。

（5）It is my brother whom you saw yesterday.

你昨天看到的是我哥哥。

★实战练习

试译下列句子，并注意缩译法的使用。

1. There is no time that she stops missing her child.

2. There are few students choosing this course when they find the teacher is strict.

3. There are few cases that he doesn't attend class.

4. It is our teacher who always helps us.

5. It is in this lab that the scientist finds a cure for this disease.

6. It was not until yesterday that he came to visit his teacher.

7. There is no place for the wardrobe after he moves a bed in there.

8. It is in his house that we hold the party.

★练习答案

1. 她时时刻刻都在思念她的孩子。

2. 当学生们发现这门课的老师很严厉时，几乎没人选它了。

3. 他几乎不缺课。

4. 我们的老师经常帮助我们。

5. 就是在这个实验室里，科学家发现了这种疾病的治愈方法。

6. 直到昨天，他才去拜访他的老师。

7. 他把床搬进来后就没地方放衣柜了。

8. 我们就是在他家开的派对。

四、俚语的缩译

由于中西方的地域、历史等因素的差异，中西方的文化大有不同，中西方的俚语也有所不同。英语中有的俚语可能是英语所独有的，在汉语中找不到对等的俚语。在翻译这种俚语时，不能照字面意义生搬硬套，而应抓住俚语的中心内容，删减末节，在汉语中寻找最具文化相似性的俚语来翻译。

（1）Make hay while the sun shines.

打铁趁热（或抓紧时机）。

（2）Something unexpected may happen any time.

天有不测风云。

（3）She has her nose in the air.

她得意忘形。

（4）Everyone wants to cover the skeleton in the cupboard.

家丑不可外扬。

（5）He is decided to turn over a new life.

他决定洗心革面。

★实战练习

试译下列句子，并注意缩译法的使用。

1. You made your bed, so now you must lie on it.

2. Don't cross the bridge till you get to it.

3. He who grasps too much holds nothing.

4. This is like looking for a needle in a haystack.

5. When in Rome, do as the Romans do.

6. Take care of the pence, and the pounds will take care of themselves.

7. He take to vice like a duck to water.

8. Last night, I heard him driving his pigs to the market.

★练习答案

1. 自作自受。

2. 船到桥头自然直。

3. 贪多必失。

4. 这相当于大海捞针。

5. 入乡随俗。

6. 积少成多。

7. 他容易学坏。

8. 我听说他昨晚鼾声如雷。

五、惯用语的缩译

在英语中，随着时间的推移，人们在日常交际中有了很多耳熟能详的词语，而且他们对这些词语的意义非常了解，并经常使用它们，这些词语后来被称为惯用语。由于人们对惯用语的意义非常熟悉，所以翻译时只需抓住这些惯用语的精华内容，使译文简洁明了，直入主题。在诸多惯用语中，一些专有名词的使用尤其频繁，因此在这里笔者着重讲解专有名词的缩译。专有名词属于名词的一类，主要包括人名、地名、月份、星期以及国家、组织、机构和会议的名称等。在这些专有名词中，国家、组织、机构和会议的名称等的使用频率较高，有时为了清楚地描述一些国家的特点、组织机构的管辖范围和会议的内容，这些名称往往较长。为了使用时能更便捷，英语中常采用缩写的方法来使这些名称更简洁。因此，在翻译时，译文也需采用缩译的方法，以便使其意思清晰明了。例如：

（1）China became a member of World Trade Organization in 2001.

中国于2001年加入世贸组织。

（2）For the 2008 Beijing Olympics and the 2010 Shanghai World Fair be dazzling shows, China invested heavily.

为了使2008年北京奥运会和2010年上海世博会能够取得举世瞩目的效果，中国投入了巨资。

★实战练习

试译下列句子，并注意缩译法的使用。

1. Such a strategy must be combined with measures at the European Union and national level.

2. The United Kingdom is a country with a long history and splendid culture.

3. China has all along committed itself to Asia-Pacific Economic Cooperation and actively participated in APEC activities.

4. It may also discourage the Organization of Petroleum Exporting countries from pumping more oil.

5. Food and Agriculture Organization makes great contributions to the world.

★练习答案
1. 这样一项战略必须结合欧盟及国家层面的各项措施。
2. 英国是一个拥有悠久历史和灿烂文化的国家。
3. 中国一直致力于推动亚太经济合作组织的合作,积极参与亚太经济合作组织的活动。
4. 这也许会打消欧佩克提供更多石油的打算。
5. 粮农组织为世界作出了巨大贡献。

第二节 省译法

每一种语言都有其独特的构词方式和语法结构。在语言的转化过程中,我们经常会碰到这种情况:一种语言中不可或缺的句子成分在另一种语言中难以找到对应的表达,或者其对应成分根本不存在。这种情况在英汉翻译中具体表现在:英语中诸如冠词、代词、连词、关系词等这些只具备语法功能的虚词或者结构词,其使用范围广、频率高,几乎句句都有,而汉语则不然。从前文我们可知,英语重形合,汉语重意合,前者通过词语的屈折变化和关联照应体现语言的逻辑关系,后者则通过语序、语境把语言的逻辑关系隐性地表现出来。

因此,在英汉翻译中,人们通常采用省译法。所谓"省译法",就是在保留完整原意的基础上,对原文中一些不合译文习惯或者在译文中显得多余的词汇或表达省去不译,以保证译文的简洁通顺。下面将从词汇层面对英译汉中省译法的应用加以具体说明。

一、代词的省译

英语中的代词种类繁多,按其意义、特征及在句中的作用分为人称代词、物主代词、反身代词、指示代词、关系代词、疑问代词、连接代词和不定代词,等等,而汉语中只存在人称代词、疑问代词和指示代词三大类,而且代词在汉语表达中的使用频率也远不及在英语中的使用频率。在汉语中，指代对象如果在上下文中十分明确，不影响正常的理解和交流，就完全不用指明，此种情况在经贸英语的英汉翻译中尤为明显。例如：

（1）We are waiting for your prompt reply with much interest.

速复为盼。（省译人称代词和物主代词）

（2）He shrugged his shoulders, shook his head, raised his eyes, but said nothing.

他耸了耸肩，摇了摇头，抬起双眼，一句话也没说。（省译物主代词）

（3）I washed, dressed and shaved myself, and then left for Tom's birthday party.

我洗完澡，换了衣服，刮完脸，然后出门去参加汤姆的生日聚会。（省译反身代词）

（4）Be a place what it may, one gets to like it, if one lives long in it.

不管什么地方，只要住久了，总会喜欢上的。（省译不定代词和非人称代词）

（5）It was not until the rain stopped that they started.

直到雨停他们才出发。（省译非人称代词）

（6）The sun heats the earth, which makes it possible for plants to grow.

太阳给地球带来热量，使得大地万物得以生长。（省译关系代词）

值得一提的是，非人称代词 it 用法灵活多样，当其表示天气、时间、距离、价格、重量等概念，或者充当形式主语，或者用于强调句表示句型结构时，均要采用省译法。

★实战练习

试译下列句子，并注意代词省译法的使用。

1. We would appreciate receiving details regarding the commodities.

2. One is never too late to learn.

3. While one is on earth, one must enjoy oneself.

4. If you know the distance and time, you can determine the velocity.

5. It was about ten minutes since he had come here.

6. It is a pity that the result of this test is not satisfactory.

7. I have forgotten much of Latin that I once knew.

8. This is the pencil whose point is broken.

★练习答案

1. 如能告知该商品的详细情况，则不胜感激。

2. 活到老，学到老。

3. 人活在世上就要好好享受人生。
4. 知道路程和时间，就能确定速度。
5. 他在这儿待了大概有十分钟。
6. 遗憾的是，这次测试的结果并不尽如人意。
7. 我过去懂拉丁语，现在大都忘记了。
8. 这就是那根折了尖的铅笔。

二、冠词的省译

冠词作为英语虚词的一种，有不定冠词 a、an 以及定冠词 the 两类，其各有较为复杂灵活的用法，它们可以表示多种意义，其中的很多用法所表示的内容在汉语中往往不言而喻，因此我们可以直接采用省译法对其进行翻译。

（1）A dog is very faithful to his master.

狗对主人非常忠诚。（a/an 用于单数可数名词前表示泛指）

（2）Open the window please.

请把窗户打开。（谈话双方均知道的人或事物）

（3）The moon began to show her silver flame.

月儿开始发出银色的光辉。（定冠词 the 表示世界上独一无二的事物）

（4）The wounded were brought to the hospital.

受伤者被送到了医院。（定冠词 the 与形容词连用表示一类人）

（5）China is the largest developing country in the world.

中国是世界上最大的发展中国家。（定冠词 the 用于形容词最高级前）

（6）Why should you pick on me to do the chores?

你为什么非要挑我去干那些杂事呢？（特指某人或某事以区别其他）

★实战练习

试译下列句子，并注意冠词省译法的使用。

1. She is ill and has to see a doctor.
2. An orange is good for your health.

3. Lucy bought a radio yesterday, but she found something had gone wrong with the radio.

4. Do you know the man in black?

5. Any substance is made up of atoms whether it is a solid, a liquid, or a gas.

6. There has been a slight increase in the consumption of meat.

★练习答案

1. 她生病了，必须去看医生。

2. 橙子对你的健康有好处。

3. 露西昨天买了一台收音机，但是她发现收音机有问题。

4. 你认识穿黑色衣服的那个人吗？

5. 任何物质，不管它是固体、液体还是气体，都是由原子组成的。

6. 肉类消费量略有增长。

三、连词的省译

连词是用来连接词与词、词组与词组或句子与句子，表示某种逻辑关系的虚词。根据逻辑关系的不同，连词可以分为并列连词、承接连词、转折连词、因果连词、选择连词、假设连词、比较连词等。在汉语中，上下文的逻辑关系常常是暗含的，多通过词语的次序来体现。

（1）I'm going to write good jokes and become a good comedist.（承接）

我打算写一些精彩的笑话，成为出色的喜剧作家。

（2）If we are wise, our wisdom will gain from the simplicity of our speech, and if we are foolish, our folly will only shout the louder through big words.（条件）

对于智者，朴素的语言也能显现智慧；对于愚者，即便咬文嚼字也显得荒唐愚昧。

（3）Since it is raining, I have to stay at home.（因果）

下雨了，我不得不待在家里。

（4）My daughter and I like to go to the movies: while she used to like them all before, she's much pickier now that she is ten.（对比）

我和我的女儿都喜欢去电影院看电影：她过去对电影的内容毫不讲究，不过现在却挑剔了许多，毕竟她已经十岁了。

★实战练习

试译下列句子，并注意连词省译法的使用。

1. If I had known it, I would not have joined in.

2. I have been rich and I have been poor — and I can tell you, rich is better.

3. John rose gloomily as the train stopped, for he was thinking of his sick mother.

4. If you come, I will go.

5. I'm working on my fitness and I will be ready in a couple of weeks, if not sooner.

★练习答案

1. 早知如此，我就不参加了。

2. 富裕也好贫穷也罢，这些我都经历过。说实话，富裕当然比贫穷要好。

3. 火车停了，约翰闷闷不乐地站起来，因为他想起了自己生病的母亲。

4. 你来我就走。

5. 我正在调养身体，最多两三周以后就可以了。

四、介词的省译

英语中的介词数量多，用途广。根据词义，介词可用于表示时间、地点、比较、反对、原因、目的、方式、所属、条件等，而且介词的存在形式多种多样：既可以单独存在，也可以两个介词结合为复合介词，还可以存在于短语中。这样其意义更为丰富多变。但在英译汉的实际操作中，很多介词并不能在译文中找到直接的对应表达，而是通过省译使得汉语译文更为简洁流畅。

（一）与某些名词、动词、形容词组成固定搭配的介词一般做省译处理

（1）We should not only pay attention to our physical appearance, but also improve our heart and soul.

我们不仅要关注自己的外表，同时也要使我们的心灵得到升华。

（2）I'm writing to explain to you the reason why I was absent from your lecture last time.

我写这封信是为了向您解释一下我上次缺席您的讲座的原因。

（3）If you stick to practising English, you'll make unexpected progress.

要是你每天坚持练习英语，就会取得意想不到的进步。

诸如上述例子的情况特别多，很多含有介词的名词短语、动词短语和形容词短语，其介词大多只具有语法功能并无明确的意义，用省译法来处理该类介词的翻译可以使译文更加符合汉语的表达习惯。

（二）表示时间或地点（包括场所、领域等）的状语，介词通常可省译

（1）Smoking in public places is forbidden.

公共场所禁止吸烟。

（2）It was on March 15th that we received the market report which was anticipated by our manufacturer.

直到3月15号，我们才收到我方制造商期待的市场报告。

（三）介词of存在于说明数量和种类的短语中，均不翻译

（1）Asia also faces a number of peculiarly tricky problems in economy.

亚洲也面临着一些特别棘手的经济问题。

（2）This sort of testing is the cornerstone of software quality.

这种测试是确保软件质量的基础。

（四）从语义角度对原文信息进行调整删减的省译

除上述讨论到的词汇层面外，在实际的英汉翻译中，我们也会碰到一些从语义角度对原文信息进行调整删减的省译实例，例如：

（1）Her son was wise and clever, but her daughter was silly and foolish.

她的儿子聪明无比，可她的女儿却笨得出奇。

（2）He denied it, denied everything, bone and stone.

他矢口否认，死不认账。

（3）Applicants who had worked at a job would receive preference over those who had not.

有工作经验的面试者优先录用。

通过上面的例子，不难看出，这样的省译更多地依赖于对语境的把握和对语言表达的处理，仅仅依靠词汇的判断已不能翻译这样的句子。希望读者在扎实掌握了词汇层面的省译后，能在大量的练习中不断挖掘这样的实例并加以积累，逐渐提升自己应用省译法解决英汉翻译问题的能力。

★实战练习

试译下列句子，并注意介词省译法的使用。

1. Rumors had already spread along the streets and lanes.

2. In consequence, people know less of their neighbors than ever before.

3. Each country should, in accordance with their own circumstances, independently choose their own social system and road of development.

4. They are willing to address it if it does happen to us in a variety of ways, including the Security Council.

5. The nuclear reactions give the sun its constant supply of energy.

★练习答案

1. 流言蜚语早已传遍了大街小巷。

2. 结果，人们与周围邻居之间从来没有像现在这样陌生过。

3. 各国应该根据本国的国情，独立自主地选择自己的社会制度和发展道路。

4. 如果确实发生，他们愿意与我们一起动用包括安理会在内的各种不同方式来解决问题。

5. 太阳中的核反应不断向太阳提供能量。

第三节 拆译法

事物的各个部分代表了整体的不同方面，构成要素之间既是相互关联又是相对独立的。为了表达事物发展的不同阶段和层次，翻译时译者便可以把原文的句子拆开。当句子又长又难，一时无法下笔时，可以采用各个击破的方法，即先分析好句子结构，然后译出每一部分，最后将其整理成通顺的译文。这种翻译方法就叫"拆译法"或"拆分法"。

从狭义层面来解读，所谓"拆译法"或"拆分法"就是根据英汉两种语言的不同特性，把原文的一个完整的句子，分别译成两个或两个以上的句子。广义的"拆译法"或"拆分法"是指在对比英汉两种语言表达差异的基础上，按照英语和汉语的不同表达范式，变动语序，将原文的某些部分（如单词、短语 或从句）提取出来单独处理，或放在译文句首，或放在译文句末，或不做变动，但要适当加入其他成分，为句子衔接作铺垫，从而把一个英语句子拆译成汉语的若干小句；也可以对英语中的主语、谓语、宾语、定语、状语等成分进行转换，译成汉语中的其他不同成分；甚至可以全盘打散句子结构，从整体系统的视角进行重新组合，使得译文更加通顺流畅。

运用拆译法时，译者应当首先理顺原文的主次关系，根据时间顺序或逻辑顺序，按照目的语的语法规范加以重新组合，以求确切得体地表达原意，而不要拘泥于原文的语言结构与句法形式，不要让译文带有明显的"翻译腔"。

众所周知，翻译是一种涉及两种不同语言文化的跨国际交流活动。要做好英汉互译，就必须了解英汉两种语言的差异。语言是人们外显的思维习惯，思维是人们内显的语言习惯。中国人思维重综合，西方人思维重形合。具体而言，中国传统哲学思维总是习惯性地从整体上把握对象，由这种思维方式所制约的语言系统表现出以神统形的特点，强调意合，属语义型语言。汉语重内容，重语义，轻形式，对句子的理解主要依赖对语言环境、说话人或书写人的心态，以及文化背景等方面的整体把握。故汉语常用紧缩句、省略句或并列式的复句来表情达意，使句子显得松散、简短，无拖沓盘错之感。与之相反，西方传统哲学思维习惯于从个体上把握对象，通过逻辑分析对事物进行认识和了解。而逻辑分析以形式的完备为前提，使得西方语言组织形式表现出重形合和以形显义的特点，属形态性语言。英语重分析、重形式，英语以主语和谓语为全句的主干，以其他的附加成分（如定语、补语、状语）为旁支，借助其特有的连接词进行空间搭接，将句子的各部分有机地结合起来。英语句子的主干成分一般不能省略，各句之间的联系大多通过连接词显示，句子结构紧凑严密。只有充分认识两者的差异，掌握两种语言形式之间的不同转换规律，才有可能科学合理地在翻译过程中恰如其分地拆分句子成分、重组句子结构。

拆译法不仅可用于拆译长句，也可用于拆译短语，甚至还可用于拆译单词。翻译中拆译法的基本原则是破句重组、化繁为简，常用的方法为单词拆译法、短语拆译法与句子拆译法。

一、单词拆译法

顾名思义，单词拆译法就是把句中的某一个单词分译开来。采用单词拆译法主要有两个目的：一是为了句法上的需要。由于一些单词在搭配、词义等方面的特点，直译会使句子生硬晦涩，而把某个单词分译却能使句子通顺，且不损伤原意。二是为了修饰上的需要，如加强语气、突出重点等。英语中的名词、形容词、副词等都可使用拆译法。下面举一些典型的翻译实例来加以说明。

（一）名词

（1）A movie of me leaving that foxhole would look like a shell leaving a rifle.

我离开那个散兵坑的速度之快，要是拍成电影的话，会像出膛的子弹一样。

（2）At present people have a tendency to choose the safety of the middle ground reply.

现在，人们都倾向于采取不偏不倚的态度来回答问题，因为它安全，不招风险。

（3）He shook his head and his eyes were wide, then narrowed in indignation.

他摇了摇头，两只眼睛瞪得圆圆的，然后又因为愤怒而眯了起来。

（4）She inspected the table for dust with her finger.

她用手指抹抹桌子，看看有没有灰尘。

（二）形容词

（1）He stalked away, but with a gnawing uncertainty in his breast.

他趾高气扬地走开了，心里却半信半疑，感到十分苦恼。

（2）That region was the most identifiable trouble spot.

那个地区是个麻烦的地方，这是大家最容易看出来的。

（3）He had long been held in cordial contempt by his peers; now that contempt was no longer cordial.

长期以来，他的同僚虽然看不起他，但还是对他有些亲切感；现在，除看不起他外，连对他的亲切感也没有了。

（4）The street began to be smoky and dark when there was a loud noise of explosion heard downtown.

当人们听到闹市区的一声巨大的爆炸声，街上开始烟雾缭绕，陷入黑暗。

（三）副词

（1）We recognize that China's long-term modernization program understandably and necessarily emphasizes economic growth.

我们认识到，中国的长期现代化建设计划以经济增长为重点，这是可以理解的，也是必要的。

（2）The Chinese seemed justifiably proud of their economic achievements.

中国人似乎为他们在经济上所取得的成就而自豪，这是无可非议的。

（3）They, not surprisingly, did not respond at all.

他们根本没有回应，这是不足为奇的。

（4）I pass my hands lovingly about the smooth skin of a silver birch or the rough bark of a pine.

我用手划过光滑的银桦树皮或粗糙的松树皮，久久爱不释手。

★实战练习

试译下列句子，注意将粗体单词译成一个汉语句子。

1. The **inside** of each tent depended on the personality of its occupants.

2. His **wealth** enables him to do everything.

3. And a growing **minority** of Western intellectuals agreed.

4. As a place to live in, it left much to be desired. As a secret training base for a revolutionary new plane, it was an excellent site, its **remoteness** effectively masking its activity.

5. His announcement got a **mixed** reaction.

6. Her skintight skirt and orange sweater displayed to **enviable** advantage a soft and slender body.

7. They **relentlessly** tear at the flowers they see.

8. Aunt Julia **vainly** asked each of her neighbors in turn to tell her what Gabriel had said.

9. **Illogically**, she had expected some kind of miracle solution.

10. He wished he were at home. **Ordinarily**, he would have been there three hours ago.

★练习答案

1. 每个帐篷内怎么布置，取决于帐篷使用者的性格。

2. 他有钱，什么事都能干。

3. 越来越多的西方知识分子接受了这种看法，虽然从数量上说，他们仍是少数。

4. 作为居住地，这里有许多不足之处；但作为新型飞机的秘密实训基地却是很理想的。它地处边陲，人们不易了解其中的活动。

5. 他的声明引起了反应，其中有好有坏。

6. 一条紧身裙和一件橘黄色毛衣将她那柔软纤细的身体衬托得恰到好处，令人羡慕。

7. 他们见花就摘，毫不爱惜。

8. 朱莉亚姨妈接连向坐在旁边的人打听加布里埃尔刚才说了些什么，却没有问出个所以然来。

9. 她幻想会有某种奇迹般的解决办法，这是不合情理的事。

10. 他真希望那时候自己在家里。要是在往常的日子里，他早已到家三个小时了。

二、短语拆译法

在翻译过程中，为了让译文能够更加准确地传达原文的内容与思想，在很多情况下，译者都必须根据实际情况对原文的语言结构进行较大的调整与改变。短语拆译法是指把原文中的一个短语分译成句子。使用拆译法翻译短语，要求摆脱原文语法结构的限制，灵活变通句型，在传递原文信息的基础上，使译文符合汉语的规范，以确保译文忠实于原文且通顺易懂。一般来说，名词短语、分词短语与前置词短语都可以使用拆译法翻译。

（一）分词短语

（1）They were at home in the home of their friends, moving confidently without fear.

他们在朋友家里感到自在，行动时心里踏实，无忧无虑。

（2）Sunrays filtered in wherever they could, driving out darkness and choking the shadows.

阳光照在所能透过的地方，赶走了黑暗，驱散了阴影。

（3）Developed in Germany in the late 1950s, landscaping seeks to achieve good communications and information flow by the correct juxtaposition of departments.

城市园林规划是20世纪50年代末在德国发展起来的，它试图把各部门合理地并置在一起，以实现良好的通信与信息交流。

（4）Other researchers note that disease and physical damage can change personality and distort the mind, believing the brain to be nothing more than a fantastically complex computer.

其他的研究人员注意到疾病和身体损伤能够改变人的性格，扭曲人的思想。他们相信大脑只不过是一台极其复杂的电脑而已。

（二）名词短语

（1）Invitingly green Angel Island, once a military installation, contains meandering trails and picnic spots ideal for a day's excursion.

迷人的天使岛郁郁葱葱，小径蜿蜒，是一日游的理想野餐场所，但在过去它却是一个军事基地。

（2）The military is forbidden to kill the vessel, a relatively easy task.

军方被禁止击毁这艘潜艇，虽然要击毁它并不怎么费事。

（3）Energy can neither be created nor destroyed, a universally accepted law.

能量既不能被创造也不能被消灭，这是一条人类普遍接受的定律。

（4）The intent to make an immediate gift must be clear and unmistakable, and the transfer must take immediate and permanent effect.

直接赠予的意向必须明确无误，转让行为必须立即产生效力，且该效力应具有永久性。

（三）前置词短语

（1）She lay reclined on a sofa by the fireside, and with her darlings around her.

她斜靠在炉边的沙发上，她心爱的人都围在她身边。

（2）They were very frank and candid with each other in a relaxed way.

他们相互之间十分坦率，相处氛围也很轻松。

（3）Several blocks from the park, running parallel to it, Clement Street bustles like a second Chinatown with dozens of ethnic restaurants.

与公园平行的克莱门特街，距离公园几个街区。那儿有十几家民族餐馆，热闹得如同第二个唐人街。

（4）These cheerful little trams, dating back to 1873, chug and sway up the towering hills with bells ringing and people hanging from every opening.

这些令人欢快的小缆车架设于 1873 年，它一边"嘎嚓嘎嚓"作响，一边摇摇晃晃地爬上高耸的山峦。车上铃儿叮当作响，每个窗口都围满了人。

（5）Their power increased with their number.

他们的人数增加了，力量也随之增强了。

（6）He arrived in Washington at a ripe moment internationally.

他来到华盛顿，就国际形势来说，时机正合适。

★实战练习

试译下列句子，注意将粗体短语译成一个汉语句子。

1. She sat with her hands cupping her chin, **staring at a corner of the little kitchen**.

2. I wrote four books in the first three years, **a record never touched before**.

3. The station chief would have to be close to the director, **a member of the inner circle**.

4. **Not having been discovered**, many laws of nature actually exist in nature.

5. His failure to observe the safety regulations **resulted in** an accident to the machinery.

6. The secret letter had been all the time just **out of reach**.

7. That question is too hard for me **to answer**.

8. He was lying on his side **watching her**.

9. Doctors and the injured both talked about a miracle drug constantly almost **with awe**.

10. The hospital was already **spreading a fame** for its food.

★练习答案

1. 她坐在那儿双手托着下巴，眼睛凝视着厨房的一角。
2. 我头三年写了四本书，打破了以往的纪录。
3. 这位站长不得不接近主任，因为该主任是核心集团成员。
4. 虽然自然界的许多规律尚未被发现，但它们确实存在于自然界中。
5. 他没有遵守安全规则，结果造成机器故障。
6. 密信一直就在那儿，可就是没有人能够拿到。
7. 那个问题太难了，我回答不了。
8. 他侧身躺着，双眼凝视着她。
9. 医生和伤员经常谈论一种神奇的药物，而且谈论时几乎都带着一种敬畏的语气。
10. 这个医院的伙食好，这点已经远近闻名了。

三、句子拆译法

从狭义上来看，"拆译法"是把一个相对长而复杂的句子拆译成若干稍短且简单的句子。英语偏爱中长句，常常用连词、前置词、分词短语或从句等形式构成长句，有时甚至一整段仅由一个长句构成，而汉语常使用中短句。故拆译法特别适用于长句翻译。翻译时，译者若总是原封不动地处理原文长句，译文就必然佶屈聱牙，所以必须按意群拆开长句，分开叙述，并重组译文短句。

因为只有经过恰当拆分与调整之后，译文才能自然通顺。翻译英语长句时常常要在原句的关系代词处、关系副词处、主谓连接处、并列或转折连接处、后续成分与主体的连接处以及意群结束处，将长句切断，拆译成若干汉语分句。这样就可以基本保留原文语义，顺译全句，同时也能遵循现代汉语长短句相替、单复句相间的句法修辞原则。

（一）在从句处拆译

（1）I shouldn't be surprised if they didn't get married soon.

如果他们没有马上结婚，我一点也不感到奇怪。

（2）Actually, it isn't, because it assumes that there is an agreed account of human rights, which is something the world does not have.

实际上，情况并非如此，因为它假定存在着一种对人权公认的解释，然而世界上并没有这样的解释。

（3）I wish to thank you for the incomparable hospitality for which the Chinese people are justly famous throughout the world.

我要感谢你们无与伦比的盛情款待，中国人民正是以这种热情好客而闻名于世的。

（4）This is particularly true of the countries of the Commonwealth, who see Britain's membership of the European Community a guarantee that the policies of the community will take their interests into account.

英联邦各国尤其如此，因为它们认为英国加入欧共体，将能保证欧共体的政策照顾到它们的利益。

（二）在主谓语连接处拆译

（1）But another round of war in the region clearly would put strains on international relation.

但是，如果该地区再次发生战争，显然会使国际关系处于紧张状态。

（2）The result of such a biological calamity is their inbreeding, less ability to adapt to new conditions, and less individual variety.

这种生物学灾难的后果是：它们会近亲繁殖，适应新环境的能力将会下降，种类也会减少。

（三）在宾语处拆译

（1）I always avoid the temptation to exalt the personality; I limit myself to observing him.

我总是克制自己，不去拔高这个名人，而只限于对他进行观察。

（2）But one basic difference of opinion concerns the question of whether or not the city as such is to be preserved.

但是一个根本的意见分歧是：像目前这样的城市是否还要保存下来。

（3）She had made several attempts to help them find other rental quarters without success.

她已经试了好几次，要帮他们找其他出租的房子，结果并未成功。

（四）整体拆译

（1）"His discourse," says Speidel, "became lost in fantastic digressions."

斯派德尔说："他讲得越来越离题，越来越离奇，最后不知讲到哪里去了。"

原文的句子结构十分奇特，其主、谓、宾在汉译时无法对号入座。这时应从整个句子着手，打散整个结构，重新拆开，逐一翻译。

（2）Cliffs stretched into the distance, sparkling waves whipped by the wind were unrolling onto the beach, and a few yachts, with creamy white sails, were curving and dodging gracefully on the sea.

悬崖峭壁绵延不绝，海风激起金光灿烂的波涛，铺天盖地地扑向海滩，数只游艇，扬起乳白色的风帆，千姿百态地在海面上左躲右闪，成一条曲线前进。

原文第二个分句的主语"sparkling waves whipped by the wind"被颠倒语序，拆译成一个独立的句子，最后一个分句中的前置词短语"with creamy white sails"译成了汉语谓语，"curving and dodging"也被拆开翻译。

（3）James Brindley of Staffordshire started his self-made career in 1733 by working at mill wheels, at the age of seventeen, having been born poor in a village.

斯塔福德郡的詹姆斯·布林德利，出身于一个贫苦的农村家庭；1733年，他17岁，就着手改良磨坊的车轮，从而开始了他那自我奋斗（或白手起家）的生涯。

原句为主谓宾结构，"in 1733""by working at mill wheels""at the age of seventeen" "having been born poor in a village"分别作状语，都标志着事情发生的时间先后顺序，故翻译时要按照事情发生的先后顺序，打乱原句次序，从句末逆向翻译到句首。

（4）The need for engineers who can view the whole area of engineering, wide and complicated as it is, as a single field of operation of a few basic laws and methods has become increasingly felt.

人们已经愈来愈感到需要这样的工程师，他们能够把全部工程领域视为应用几个基本定律和方法的一个整体，尽管工程学科的全部领域是那么广阔复杂。

原句中，非限制性定语从句"who can view the whole area of engineering…as a single field of operation of a few basic laws and methods"中间又插入一个让步状语从句"wide and complicated as it is"，若按原句结构逐个顺译，译文就会前后不连贯，于是先把主句抽出，再把非限制性定语从句与让步状语从句拆开。按汉语行文习惯处理好状语从句后，再把非限制性定语从句单独译成句子。

★实战练习

试译下列句子，注意将粗体部分译成一个以上的汉语句子。

1. This trend began during the Second World War, **when several governments came to the conclusion that the specific demands that a government wants to make of its scientific establishment cannot generally be foreseen in detail.**

2. It is not difficult to gain a general agreement **that man-induced increases in the endangerment and extinction of wildlife — whether due to habitat alteration or loss, pollution, insufficiently regulated hunting, or other factors — are undesirable.**

3. I could not venture to approach her, or to communicate with her in writing, **for my sense of the peril in which her life was passed was only to be equaled by my fear of increasing it.**

★练习答案

1. 这一趋势始于第二次世界大战期间，当时一些国家的政府得出结论：政府要向科研机构提出的具体要求通常是无法详细预测的。

2. 不难使人们一致认为：人为加剧野生动物的濒危和灭绝，不论是由于生态环境的变化或消失、污染、对狩猎控制不力，还是由于其他因素，都是不受欢迎的。

3. 我不敢贸然接近她，也不敢贸然跟她通信，因为我一方面深知她的处境十分危险，一方面又生怕这样做会增加她的危险。

第四节 重复法

英语和汉语不论是在词法还是在句法方面都存在较大的差异。例如，英语中为了避免行文太过单一乏味而尽力避免重复，通常借助指代、省略或变换词句等方式来使表达多样化。因此，只有在英汉翻译过程中充分认识到两种语言的不同之处以及各自的特点，并掌握一定的翻译技巧，才能使译文地道、传神。

本节着重讨论翻译技巧中的重复法。

从总的原则来看，不论是英语还是汉语，都是本着简洁明了的原则发展的，但是，在某些情况下，重复在表情达意方面也是必不可少的。在英汉翻译过程中，由于英语与汉语存在较大的差别，所以，为了使两种语言在转换过程中能够充分地传递源语中的信息和情感，重复法成为翻译时一种重要的方法。

通常情况下，英汉翻译中的重复是为了使译文的表达更为明了，或为了强调某种含义。重复可有两种基本类型：一种是同一话语中的重复，一种是多篇话语如引语中的重复。同一话语中的重复包括语音重复、单词重复、词组重复、句法结构重复、命题重复及整个段落重复，有时较大单位的重复用归纳形式加以表现。重复修辞手段常常给翻译工作者造成某种困难。如果重复的成分是严格排比的主题成分，如《诗篇》中常用的同义排比成分，便可能引起读者的强烈反感。因为把同一件事说两遍，即使替换了词汇，也会被有的读者看作对自己的阅读理解能力的轻视。另外，有时原文并非排比句，但译者必须译成排比形式才算译得"正确"，因为在有的语言中，诗的实质就是使用排比句式。有时，接受语言中存在排比用法，但每个排比句必须包含新信息。在这种情况下，如果译者处理的是没有新信息的同义排比结构，那么翻译起来就会有困难。翻译工作者的任务不是一定要再现原文中重复的修辞手段，而是首先判定这些重复用法具有何种功能，是主要起强调作用，还是仅仅说明某个特征；是作为并列语句或段落的连接成分，还是仅仅作为段落主题的统一标记。只有首先弄清了重复法的功能，才能进行功能对等的翻译。

不论是英语还是汉语，行文都力求言简意赅，但是在翻译时，有时为了使译文表达更地道、意思更明确，或者为了强调，往往要将一些关键的词加以重复。译者必须根据不同的文体、不同的内容灵活掌握重复法。

一、词汇层面的重复

（1）He then looks at the need to manage the three contradictions of the company: it is decentralized but centrally controlled, it is big and small at the same time and it is both global and local.

他着眼于处理企业内的三对矛盾：分散管理和集中控制之间的矛盾，规模大小转换之间的矛盾，企业全球化和地区化之间的矛盾。

（2）There are four types of tiger living in China: the South China tiger, the Manchurian tiger, the Bengal tiger and the Indochinese tiger.

中国现存有四种老虎，即华南虎、东北虎、孟加拉虎和印度支那虎。

（3）Avoid using this computer in extreme cold, heat, dust or humidity.

不要在过冷、过热、灰尘过重、湿度过大的情况下使用此电脑。

（4）You must change with the times.

你必须随着时势的转变而改变。

（5）He passed the test, whether by skill or luck.

他通过了考试，不是靠技术就是靠运气。

二、句法结构层面的重复

汉语中没有定语从句这一语法形式，因此，在翻译中，为了避免句子过于复杂，通常要把主句和从句译成两个分句，重复翻译先行词。

（1）Turning around, she looked for Ailian who was peeping from the compartment door.

她转过身去找爱莲，爱莲这时正从隔间门偷看。

（2）Classical education does not mean her knowledge of books, which is only a minor part of it, but knowledge of manners and proper behavior.

所谓旧式教育并不是指她的经典上的学问，经典上的学问在旧式教育中只占一小部分，而是指礼貌以及适当的行为。

（3）He instructed Feng, his wife's brother, who was managing the business of the household and looking after their medicine shops and tea firms, to go next day for some silver and gold for the journey, in ingots and broken pieces.

他嘱咐内兄冯舅爷明天去弄点儿金子银子来，整锭的、零碎的，好预备路上用。冯舅爷在他家照顾家事，又管他家药铺、茶叶店的生意。

（4）The children were all excited, for it was their first trip to their Hangzhou home, about which they had heard their parents speak so often.

孩子们都兴高采烈，因为这是他们第一次回南方杭州的老家，以前只是听见父母提到杭州，这次是真要回去了。

（5）A wife is like a flower, which may either be enhanced in beauty and dignity or completely spoiled by the vase that goes with it.

妻子就像鲜花一样，花瓶可以提高花的高贵美丽，花的高贵美丽也可以因为花瓶而荡然无存。

三、语篇层面的重复

所谓语篇层面的重复，是指由于文体或者表达需要，对一段文字进行重复，甚至形成排比段，以表达强烈的情感或抒发作者的情怀。这样的重复多见于诗歌以及歌词中，如《雪绒花》（*Edelweiss*）中对 edelweiss 的重复。

Edelweiss, edelweiss,

Every morning you greet me.

Small and white,

Clean and bright,

You look happy to meet me.

Blossom of snow,

May you bloom and grow,

Bloom and grow forever.

Edelweiss, edelweiss,

Bless my homeland forever.

Small and white,

Clean and bright,

You look happy to meet me.

Blossom of snow,

May you bloom and grow,

Bloom and grow forever.

Edelweiss, edelweiss,

Bless my homeland forever.

其汉译本《雪绒花》也要保留对"雪绒花"的重复，译为：

雪绒花，雪绒花，

清晨你迎着我开放。

小而白，

洁又亮，

向我快乐地摇晃。

白雪般的花儿，

愿你芬芳，

永远开花生长。

雪绒花，雪绒花，

永远祝福我家乡。

小而白，

洁又亮，

向我快乐地摇晃。

白雪般的花儿，

愿你芬芳，

永远开花生长。

雪绒花，雪绒花，

永远祝福我家乡。

★实战练习

试译下列句子,并注意重复法的使用。

1. They may win the football match but not the friendship.

2. Peter is a friend of his and mine.

3. Each country has its own national conditions.

4. We should help students to enhance their ability of analyzing and solving problems.

5. We have a place, all of us, in a long story — a story we continue, but whose end we will not see. It is the story of a new world that became a friend and liberator of the old, a story of a slaveholding society that became a servant of freedom, the story of a power that went into the world to protect but not possess, to defend but not to conquer.

6. The President announced, with obvious relish, that the planes took off from "Shangrila", the fictional, remote retreat in the Himalayas.

7. Studies serve for delight, for ornament, and for ability.

8. Reading makes a full man, conference a ready man, and writing an exact man.

★练习答案

1. 他们可能赢得这次足球赛,但不会赢得友谊。

2. 彼得既是他的朋友,也是我的朋友。

3. 各国有各国的国情。

4. 我们应该帮助学生增强他们分析问题、解决问题的能力。

5. 在美国悠久的历史中,我们每个人都有自己的位置;我们还在继续推动着历史前进,但是我们不可能看到它的尽头。这是一部新世界发展的历史,是一部后浪推前浪的历史;这是一部美国由奴隶制社会发展成为崇尚自由的社会的历史;这是一个强国保护而不是占有世界的历史,是捍卫而不是征服世界的历史。这就是美国史。它不是一部十全十美的民族发展史,但它是一部在伟大和永恒理想指导下几代人团结奋斗的历史。

6. 这位总统洋洋得意地宣称,这批飞机是从"香格里拉"起飞的,而"香格里拉"是一个虚构的存在于喜马拉雅山中的世外桃源。

7. 读书足以怡情,足以博采,足以长才。

8. 读书使人充实,讨论使人机智,写作使人严谨。

第三章 常见句型的翻译

第一节 被动句的译法

英汉分属两种不同的语系,因此英语与汉语在语法、词汇及结构等多方面存在较大区别,其中突出的一点就是被动语态的使用频率。在英语中,尤其是在科技英语中,凡是没有必要说出动作执行者(施事者),无从说出动作执行者,或者为连贯上下文,使前后分句的主语保持一致,使叙述的重点突出,常采用被动语态。而汉语则更习惯使用主动语态,大量使用无主句,形式主动、意义被动的句子以及判断句等。因此,英汉互译中就出现了语态的不平衡,如何处理被动句式的翻译至关重要。在翻译英语被动句时,要在熟悉英汉语态差异的基础上,结合具体的语境和英语、汉语的表达习惯,采用适当的翻译技巧,对被动句进行结构上的重组,以达到忠实、通顺的翻译目的。

一、英语中常使用被动语态的几种情况

(一)动作的执行者未知或无必要提及时

在英语中,当读者没必要知道动作的执行者或动作的执行者显而易见、无须解释时,作者常常会使用被动句。这样,没必要显示的部分已省略,该着重的部分也得到了强调。例如:

(1) During the flood, all the belongings of his family were washed away.

洪水暴发时,他们家的所有财产都被冲走了。

(2) Paper-making was introduced into Europe in the 11th century.

造纸术是 11 世纪传入欧洲的。

（二）动作的承受者应强调时

在一些句子中，句子的重心是动作的承受者，而非动作的执行者。此时，作者会采用一些手段来突出动作的承受者，被动语态就是其中一种重要方法。

通过被动语态，动作的承受者得到强调，句子的重心如作者所愿转换为动作的承受者。例如：

（1）Data can be transmitted to the control center by cable.

数据可以通过电缆传送到控制中心。

（2）The new shopping center will be opened at the end of this month.

新的购物中心将在月底开业。

（三）避免句子过于冗长或头重脚轻时

当句子的主语过长或定语部分过长、前后主语出现转换时，如果按一般的习惯翻译，就会使整个句子的结构显得头重脚轻或前后主语不一致、行文不连贯。这不符合英语"尾重"的行文习惯。因此，作者往往采用被动句使得整个句子结构紧凑、布局合理。例如：

（1）He entered the auditorium and was warmly applauded by the masses.

他走进礼堂，受到了群众的热烈欢迎。

如果为主动语态，整句话便出现了 he 和 the masses 两个主语，主语转换过于频繁，导致行文不连贯，影响原文意义的传递。

（2）The same signs and symbols of mathematics, which are produced several thousand years ago, are used throughout the world.

全世界都在使用相同的数字符号和记号，这些符号和记号早在几千年前就已经出现了。

针对英语中被动句使用的一般情况，此处相应地提出一些有针对性的翻译方法。虽然汉语中没有像英语那样的被动语态结构，但是却拥有很多具有被动意义的标识词，如"被""遭""受""把""使""让"等，用这些具有被动意义的词来翻译英语中的被动语态是可行的。

二、被动语态的翻译方法

针对以上被动语态的适用情况,主要有如下几种译法。

(一)将英语被动句译为汉语主动句

英语中多用被动句,而汉语中多用主动句,因此,英译汉时,将英语的被动句译为汉语的主动句应该是首要之选,即在可以译为汉语主动句,且符合汉语行文规则时,应该尽量将其译为主动句。将英语被动句译为汉语主动句主要有以下几种情况。

1.原文主语不变,保留原文顺序

当原文被动句中动作的承受者为句子重点,原文动作发出者不明显,即不需要提到动作的执行者时,译者可以考虑保留原文主语,即使原文主语依旧处于主语位置,也只需进行稍许调整,将原文的被动语态转换为主动语态。但许多句子还须在译文谓语动词前加上"可""会""能""应""需要"等词以保持译文流畅,符合汉语的表达习惯。例如:

(1) Most of the problems have been settled in time.

大部分问题都及时解决了。

(2) Bad things can be turned into good things, and vice versa.

坏事可能会转变为好事,反之亦然。

(3) Illness must be correctly diagnosed before they can be treated with medicine.

疾病必须先确诊,再用药。

(4) The sports meet has been put off until September 21.

运动会推迟至9月21日举行。

(5) The Nobel Prize was first issued in 1901.

诺贝尔奖首次颁发于1901年。

(6) The whole area was thrown into panic.

整个地区陷入恐慌之中。

(7) In case of nondelivery, letters must be returned to the senders.

若无法投递,信件须退还寄信人。

(8) "One World, One Dream", the theme of the 2008 Beijing Olympic Games has been

fully carried out throughout the whole process.

"同一个世界,同一个梦想"这一主题始终贯穿于整个 2008 北京奥运会。

(9) The computer will be mended tomorrow.

这台计算机明天修理。

(10) The experiment will be finished in a month.

这项实验将在一个月后完成。

2.语序颠倒,主宾换位

然而,在英译汉过程中,更多的是原文主语无法保留的情况。如果原文主语保留,译文就会显得不地道,读起来别扭拗口,这时翻译策略也必须相应地改变。英语中常用 by 来表示被动,因此可将原文中 by 后的宾语或者其他介词后的宾语译成汉语的主语。例如:

(1) We are brought freedom and happiness by the founding of the People's Republic of China.

中华人民共和国的成立给我们带来了自由和幸福。

(2) Some signs and symbols that have the same meanings are used widely throughout the world.

全世界都使用一些通用的符号和记号。

(3) The importance of being involved with Olympic bid was emphasized in the whole process.

整个过程都强调了参与奥运会投标的重要性。

(4) An agreement on market access was signed in November 1999 by the Chinese and the US governments.

中美两国政府于 1999 年 11 月签署了一项关于市场准入的协议。

(5) Since the reform and opening-up policy was carried out in 1978, trade has been increased on a large scale.

自从中国 1978 年实行改革开放政策以来,交易量大幅增加。

(6) Employees in public service industries, such as taxi drivers, bus conductors and the police, were called on to learn basic English after the successful Olympic bid.

北京申奥成功以后,人们号召许多服务行业的员工,如出租车司机、汽车售票员和警察，学习基础英语。

（7）Large quantities of oil are required by the development of modern industry.

现代工业的发展需要大量石油。

（8）John was robbed by him to pay Jerry.

为了还杰瑞的债，他抢劫了约翰。

（9）She was given a present by her father at her birthday party.

她的爸爸在她的生日派对上送给她一件礼物。

（10）Her sweater was soaked by sweat.

汗水浸湿了她的毛衣。

（11）More than one hundred elements have been found in the recent ten years.

最近10年人们发现了100多种元素。

（12）They are taught to design the pattern by the leaders.

领班们教他们设计图案。

（13）We are kept strong and healthy by constant physical exercise.

有规律的体育锻炼能使我们身体健康、强壮。

（14）Several translation techniques have been included in the book.

这本书里提到好几种翻译技巧。

3.添加泛称主语

在英语中，有些被动句的主语是默认的或大家心知肚明的，即大家都知道该动作的执行者。在翻译这种类型的被动句时，可根据上下文适当添加泛指性主语，如"大家""人们""有人""我们"等，并把原句的主语译成宾语，使得原文文意流畅。这种情况多见于"It is+过去分词+that"句型中。例如：

（1）During the enquiry, it was discovered that her death had been a murder.

在调查中，人们发现她的死是一场谋杀。

（2）He was found stealing the gold in the basement.

有人发现他在地下室偷金子。

（3）Though it is impossible to find a perfect solution to it, some are trying hard to get it.

虽然人们认为不可能找到万无一失的方法，但是一些人仍在努力寻找。

（4）The issue has not yet been thoroughly examined.

迄今为止，人们对这一问题还没有彻底地调查。

（5）Finally, the television was repaired after three months of abandonment.

修电视机的人终于修好了这台废弃了 3 个月的电视机。

（6）It is believed that oil is derived from marine plants and animals.

人们认为，石油来源于海洋动植物。

（7）It was pointed out that the production of this kind of machine cost too much.

有人指出，生产这类机器的成本过高。

（8）He was seen doing experiment in the laboratory late at night.

有人看见他在实验室做实验到深夜。

（9）The TV set was found good in quality and original in design.

人们发现这台电视机不仅质量好，而且设计新颖。

（10）The river is known to have been polluted due to large numbers of chemical plants.

人们知道，由于附近有大量的化工厂，这条河受到了污染。

（11）The meeting was advised to be put off till next Friday.

有人建议会议推迟到下周五举行。

（12）He is believed to be honest and kind in his neighbourhood.

左邻右舍认为他诚实且友好。

（13）Something was said at the meeting just now which irritated the leader.

刚才有人在会上讲了一席话，激怒了领导。

（14）It would be astonishing if that accident were not keenly felt.

如果人们对那次事故没有强烈的感觉，那真是令人难以置信。

（15）Mr. John cannot be prevented from his plan.

人们无法阻止约翰先生实施他的计划。

4.译成无主句

一些英语中常见的被动句只有动作的承受者却没有动作的执行者，而这类句子的主语又并非不言自明。此种情况下，我们通常将其直接译成汉语的无主句，即没有主语的句子。这种译法更符合汉语习惯，译文更加通顺自然。例如：

（1）Children should be taught to be honest.

应该教育儿童诚实。

（2）Quality of daily products must be guaranteed first.

首先要确保日用品的质量。

（3）Even the purest water can be shown as containing impurities.

即使是最纯净的水也含有杂质。

（4）The visitors were arranged to be met at the hall.

安排在大厅见客人。

（5）Now the heart can be safely opened and its valves repaired.

现在可以安全地打开心脏，并对心脏瓣膜进行修复。

（6）This instrument must be handled with great care.

必须小心翼翼地操作这台仪器。

（7）Attention should be paid to reduce the cost.

应该注意降低成本。

（8）Importance must be laid to the development of the Internet.

必须强调发展互联网技术。

（9）A resolution will be passed as to how to cope with the current criminal problems.

将通过一项关于如何处理当前犯罪问题的决议。

（10）Efficiency is usually expressed as percentage.

通常用百分数来表示效率。

（二）将英语被动句译为汉语被动句

虽然汉语多用主动句，但并不意味着汉语无被动句，换言之，若英语被动句译为汉语被动句表达更流畅时，应优先考虑译为汉语被动句。当英语被动句在语义上强调谓语动词本身的意义时，可用汉语的被动结构来翻译，以突出原句的被动意义。翻译时，原文句子的主语一般仍译作主语，在谓语动词前加"被""给""让""受""为……所"以及"使""由"等来表示被动意义。在把英语被动句翻译成汉语被动句时，我们常常使用以下几种方法。

1.直接译为被动句，加"被""给"等

（1）The company was banned from using illegal additives.

这家公司被禁止使用非法添加剂。

（2）My belongings had been taken away from me.

我的全部财产都被抢走了。

（3）The windowpane was broken by the child, he will certainly be scolded.

这块窗玻璃被那个孩子打破了，他一定会挨骂的。

2.译成"遭"或"受"字句

（1）He should be criticized for his carelessness.

他粗心大意，应当受到批评。

（2）We were given a hearty welcome at the beginning of the party.

宴会开始时，我们受到了热情的欢迎。

（3）Last year the region was hit by the worst drought in 100 years.

去年，这个地区遭受了100年来最严重的旱灾。

3.译成"把""使""由"或"让"字句

（1）The people were chased off the streets by a seven o'clock curfew.

7点钟开始的宵禁把人们从街道上赶走。

（2）The whole city had been practically destroyed by the unexpected disaster.

这场突如其来的灾祸几乎使整座城市都毁了。

（3）Most letters from his son are read to him by the nurse in the hospital.

他儿子写给他的信，大多数是由医院里的护士念给他听的。

（4）Many basins were formed by the subsidence of the earth's crust.

许多盆地都是由于地壳陷落而形成的。

（三）将英语的被动句翻译为汉语的判断句

汉语中常用"……是……的"这一句式来说明人和事物的客观情况。这种结构在语义上往往具有被动的含义，可以与英语中被动语态的结构相联系。

一般说来，英语中用来说明客观情况的被动句都可以转译成汉语的这一句式。例如：

（1）The table is made of wood.

这桌子是木制的。

（2）Rome was not built in a day.

罗马不是一天建成的。

（3）The sign language is used by the deaf people.

这种手势语是聋哑人使用的语言。

（4）The telephone is invented by Alexander Graham Bell in 1876.

电话是亚历山大·格拉汉姆·贝尔在 1876 年发明的。

★实战练习

试译下列句子，并注意被动句的正确转换。

1. Large quantities of water is needed by the modern society.

2. English is spoken in many countries, such as in Britain, the U.S. and some other countries.

3. It has been suggested that the accident is caused by inappropriate traffic rules.

4. He was reported to have created the world record.

5. The monument is located at the center of the city.

6. All visitors are required to show their tickets.

7. Stand until you're asked to sit and then sit straight in the chair.

8. I forgot being taken to Beijing by my father.

9. Obviously something has to be done before anything unusual occurs.

10. Smokers must be warned that smoking increases the possibility of lung cancer.

11. Attention should be paid to the increasingly worsening situation.

12. Wrongs must be righted when they are discovered.

13. Every enterprise must be under control of government laws or regulations.

14. The design will be further examined by a special committee.

★练习答案

1. 现代社会需要大量的水。

2. 许多国家说英语，如英国、美国及其他一些国家。

3. 已经有人提出，这起交通事故是由不合理的交通规则造成的。

4. 据报道，他创造了世界纪录。

5. 这座纪念碑坐落在城市中心。

6. 所有参观者都要出示入场券。

7. 要站着，直到有人请你坐下，坐下时要坐直。

8. 我忘了父亲曾带我去过北京。

9. 显然，必须采取措施，以防出现异常情况。

10．必须警告吸烟者，吸烟会增加患肺癌的可能性。
11．应该注意到目前这种越来越严重的情况。
12．发现了错误一定要改正。
13．每个企业必须置于政府法令和法规的控制之下。
14．这项设计将进一步由一个专门委员会予以审查。

第二节 名词性从句的译法

名词性从句是指所起的作用相当于名词的从句。在英语中名词性从句具体包括主语从句、宾语从句、表语从句以及同位语从句。名词性从句翻译时有一定的规律可循，但不同类型的名词性从句在翻译时又有其各自的特点。

一、主语从句的译法

主语从句的引导词主要有三类：一是 that；二是 whether；三是那些可用作疑问词的连接代词或连接副词，如 what、who、which、when、where、how、why、whoever、whatever 等。现分类介绍它们各自的译法。

（一）that

that 引导的主语从句在翻译时可按顺序翻译，但有时为了强调，或者为了句子通顺，可加入"这""这些""这一点"等字词。例如：

（1）That education plays a vital role in all walks of life is clear.

译文 1：教育在各行各业中扮演着至关重要的角色是显而易见的。

译文 2：教育在各行各业中都扮演着至关重要的角色，这是显而易见的。

（2）That all men are created equal and that both men and women should enjoy equal rights are nothing but slogans and desires.

译文 1:"众生生来平等,男女享有平等的权利"的言论不过是些口号或期望罢了。

译文 2:"众生生来平等,男女享有平等的权利",这些言论不过是些口号或期望罢了。

(二) whether

whether 引导的主语从句,前后有对应关系的,在翻译时一定要相互对应,一般情况下按顺序翻译即可。

1. 有对应关系的句子,一般前有 whether 后有 depend on 等词语

(1) Whether you can succeed in making your dreams come true depends on hard work more than luck.

你能否成功实现自己的梦想更多地取决于你是否努力工作而非运气好坏。

(2) Whether he can come depends on his mother's permission.

他能否来要看他母亲准不准。

2. 没有对应关系的句子,按顺序翻译

(1) Whether computers can replace the role of teachers has long been a hot topic.

计算机能否取代老师的角色一直是一个热门话题。

(2) Whether my suggestions will be adopted has not been decided by the boards.

是否采纳我的建议,董事会还没有决定。

(三) 可用作疑问词的连接代词或连接副词

用可用作疑问词的连接代词或连接副词作引导词的主语从句,通常按原文句子结构的顺序翻译,主语从句在句中依然作主语。例如:

(1) Even what you learn during the four years of university will be something quite superficial, too.

即使是大学四年所学也不过是些粗浅的知识。

(2) How you think and act will influence your life.

你的思维模式及行为习惯将会影响你的人生。

(3) What we propagate is "no dealing, no killing".

我们宣传的是"没有买卖,就没有杀戮"。

(4) Why so many people prefer to live in the city is beyond my understanding.

为什么这么多人喜欢住在城市，真让我费解。

(5) Which candidate will win the presidential election is hard to tell.

哪个候选人会在总统选举中获胜，这很难说。

（四）由 it 作形式主语，从句为真正的主语

在翻译这类句子时，一般有三种情况：

（1）既可以按照原文的结构顺序翻译，又可以先翻译从句。这时会涉及词类转译，如形容词转译为副词，名词短语转译为动词短语等，句中的 it 往往表示强调，可翻译为"这"。

（2）只能先翻译主句或从句。

（3）已经有约定俗成的说法，一般先译主句再译从句。

1. 既可以按顺序翻译，也可以先翻译从句

(1) To most people it is not easy to explain why Einstein's theory eventually shook the whole scientific and intellectual world.

译文1：大多数人都难以解释清楚的是，为什么爱因斯坦的学说最后震撼了整个科学界及思想界。

译文2：为什么爱因斯坦的学说最后震撼了整个科学界和思想界，这对大多数人来说是难以解释清楚的。

(2) It goes without saying that American cartoons always have a happy ending which quite caters to the audience's psychological demands.

译文1：不消说，美国动画片的结局总是皆大欢喜，迎合了观众的心理需求。

译文2：美国动画片的结局总是皆大欢喜，迎合观众的心理需求，这一点是不消说的。

2. 只能先翻译主句或者从句

(1) It struck him that no one knew what each chemical did to human genes, and there was no easy way to find out.

他突然想到，人们还不知道每种化学物质对人的基因有什么影响，要了解这些是不容易的。（先翻译主句）

(2) It is none of your business what others think about you.

别人怎么看你与你无关。(先翻译从句)

(3) It doesn't matter whether we go together or separately.

我们是一起走还是分开走都可以。(先翻译从句)

3.约定俗成的说法，一般先译主句再译从句

(1) It is widely believed that they are planning a takeover bid.

人们普遍认为他们正计划进行收购。

(2) From some time in the past it has been widely accepted that babies and other creatures learn things because certain acts lead to rewards.

过去一段时间，人们广泛接受的是：婴儿和其他生物因为某种特定的做法会得到奖赏而去学习。

★实战练习

试译下列句子，注意体会主语从句的不同译法。

一、that 引导的主语从句的两种译法。

1. That she is still alive is a consolation.

2. That she survived the accident is a miracle.

二、whether 引导的主语从句，主句与从句有对应关系。

1. Whether we will go there tomorrow depends on the weather.

2. Whether the game will be played depends on the weather.

三、whether 引导的主语从句，主句与从句无对应关系。

1. Whether it turns out to be a good idea or a bad idea has not been made clear.

2. Whether he shot himself or was murdered is unclear until today.

四、疑问词引导的主语从句，主语从句的位置在译文中不变。

1. Where we often have meals is a French restaurant.

2. Whatever he had done was trying to attract your attention.

3. Whatever gets done will be done in the day; whatever that doesn't get covered will just be rolled over to the next day.

4. Whoever wants to reach a distinct goal must take many small steps.

5. What you expect from the world, is what you're likely to get.

6. What you said to him can hardly justify such conduct of yours.

五、it 作形式主语的主语从句，试用两种方法译出。

1. It is good news that the workers trapped in the mine has been rescued.

2. It is still a question when the delegation will come.

六、it 作形式主语的主语从句中约定俗成的说法。

1. It is reported that he died in the car accident.

2. It has been proved that Amy did go to the scene of the crime.

★练习答案

一、

1. 她还活着，真是一个安慰。

2. 她在事故中幸免于难简直是个奇迹。

二、

1. 明天我们是否去那里取决于天气的好坏。

2. 比赛是否进行要看天气的好坏。

三、

1. 到底这个主意是好是坏还不清楚。

2. 他是自杀还是被谋杀，直到今天还不清楚。

四、

1. 我们经常吃饭的地方是家法国餐厅。

2. 无论他做什么都是想引起你的注意。

3. 任何要求当天完成的工作，当天就要完成；那些当天没有完成的工作就挪到第二天的工作清单上了。

4. 任何人想要获得不平凡的成就必须从一点一滴做起。

5. 你对世界抱有什么样的希望，你就很可能得到什么样的结果。

6. 你对他说的话不能为你这种行为辩护。

五、

1. 好消息，被困在井下的工人们获救了。

2. 问题是，代表团何时能到来。

六、

1. 据报道他在车祸中丧生。

2. 经证明艾米去过犯罪现场。

二、宾语从句的译法

（一）在把宾语从句译成汉语时，通常按照原文语序翻译即可

（1）Both countries have agreed that they should strengthen the cooperation on the major issues facing mankind.

两国都认为他们应该在人类面临的重大问题上加强合作。

（2）Some people tend to think that women's success usually lies on external factors，such as opportunities.

有些人倾向于认为女性的成功往往依赖于运气等外部因素。

（3）Every artist knows in the heart that he is saying something to the public; not only does he want to say it well, but he wants it to be something which has not been said before.

每个艺术家心里都知道自己在向公众说些什么，他不仅想要表达得好，而且还希望自己说的是以前别人没有说过的。

（4）Researchers still don't understand why the body should suppress immunity during time of stress — if anything, the opposite would seem to make sense.

研究人员仍然搞不懂为何人体在遭受压力的时候免疫力会受到抑制—如果要说是怎样，似乎相反的情况会合理些。

（5）Optimists may think they are better than the facts would justify.

乐观主义者对自己的估计可能会比事实能够证明的更好。

（6）To achieve an understanding of taste means that you should have conviction in your choices.

对品位的理解意味着你应该相信自己的选择。

（二）有时也视具体情况对原文语序进行调整

（1）This happens whether the children are in two-parent or one-parent families.

这种情况无论在双亲家庭还是单亲家庭的孩子身上都会发生。

（2）I know nothing about him except that he graduated from Cambridge University.

除了知道他毕业于剑桥大学，别的我一无所知。

（三）it 作形式宾语

1. 按照原文语序译出

（1）He made it clear that he would not apologize to her.

他明确表示，他是不会向她道歉的。

（2）I take it for granted that you will come and talk the matter over with him.

我理所当然地认为你会来跟他详细地谈论这件事。

2. 先译宾语从句，再译主句

将原句译为分句，it 视情况可不译，也可将其译为"这""这一点"。例如：

（1）The governments of various countries have realized it their unshirkable responsibility that they should strengthen physical protection of nuclear material and nuclear facilities to ensure their security.

很多国家的政府已经意识到加强核材料和核设施的实物保护，确保其安全是他们义不容辞的责任。（it 不译）

（2）They found it difficult that the work should be completed in two days.

他们觉得工作要在两天之内做完太难了。（it 不译）

（四）否定转移的语法现象，翻译时注意还原否定的位置

（1）I don't think that he will help us.

我认为他不会帮助我们。

（2）I don't think he will come this afternoon.

我认为他今天下午不会来。

★ 实战练习

一、试译下列句子，注意宾语从句的译法。

1. It is misled to believe that by doing so it can keep itself out of danger.
2. The heart wants what the heart wants.
3. We don't have time to think about what is really important.
4. She is free to go where she likes and do what she likes.

5. Many studies suggest that the pessimist's feeling of helplessness undermines the body's natural defenses — the immune system.

6. Now a major study is planned to determine whether this psychological change can alter the course of the disease.

7. The art of living is to know when to hold fast and when to let go.

二、试译下列句子，并注意否定转移现象的译法。

1. I don't expect they have finished the work.

2. I don't believe he will come back here again.

3. I don't think these words were uttered unmeaningly.

★练习答案

一、

1. 它误以为这样做就可以脱离危险。

2. 个人心头自有所好。

3. 我们没有时间去思考什么是真正重要的。

4. 她可以自由地去她喜欢的地方，做她喜欢的事情。

5. 很多研究显示，悲观者的无助感会损害人体的自然防御系统——免疫系统。

6. 现在已计划实施一项重大研究，以确定这一心理变化是否会改变病情的发展。

7. 生活的艺术在于懂得何时该抓紧，何时该放手。

二、

1. 我料想他们还没有完成工作。

2. 我认为他不会再回到这里了。

3. 我认为这些话说出来不是毫无意义的。

三、表语从句的译法

（一）表语从句大部分可以先翻译主句再翻译从句

（1）One of the most rewarding aspects of confidence is that it sits gracefully on every age and level of life.

自信最有益的方面之一是它与每个年龄段及处于每个生活阶段的人都能优雅共处。

（2）The great danger is not that we shall overreach our capacities but that we shall undervalue them.

巨大的危险不在于我们会高估自己的能力，而在于我们会低估它们的价值。

（3）The question is who is responsible for what has happened.

问题是谁来为已经发生的事情负责。

（4）Ultimately, the question is who is entitled to judge the ethical standards of civil servants: their bosses, or the ordinary people.

最终，问题是谁有资格来评价公务员的道德标准：他们的领导还是普通的民众。

（二）That/This is why 句型的译法

That/This is why 为常用句型，翻译为"这就是……的原因""这就是为什么……""因此/所以……"

（1）That is why some of ancient people continued to study even when they were hoary-headed.

这就是有些古人即使在白发苍苍的时候仍然继续学习的原因。

（2）This is why they named her Cinderella.

这就是他们叫她灰姑娘的原因。

This/That is because 通常被译为"这是/那是因为……"

（1）This is because it requires each member of the team to think differently.

这是因为它要求小组内的每个成员想法都不同。

（2）That is because the girl has the unique opportunity to observe how you interact with others.

那是因为这个女孩有独特的机会去观察你是如何同他人交往的。

（三）系动词引导的表语从句

（1）It seems that in our busy lives nowadays many of us have forgotten how to appreciate others.

似乎在现在忙碌的生活中我们中的很多人都已经忘了如何去欣赏别人。

（2）It looks as if it is going to rain.

看起来要下雨了。

★实战练习

试译下列句子，注意表语从句的各种译法。

1. This is where the famous scientist was born.
2. The question is whether the enemy is marching towards us.
3. This is because I love you.
4. This is why he left you without saying a word.
5. It seems that cats have replaced dogs as the most popular pets in American homes.

★练习答案

1. 这就是那位著名科学家出生的地方。
2. 问题是敌军是否正在朝我方进军。
3. 这是因为我爱你。
4. 这就是他一声不吭离开你的原因。
5. 在美国家庭中，似乎猫已经取代了狗成为最受欢迎的宠物。

四、同位语从句的译法

（一）同位语所说明的本位语包含动作名词

若同位语所说明的本位语是包含动作的名词，如 discovery、suggestion、hope、assumption、doubt、promise 等，一般可以把这类词转译为动词，把同位语从句译为该动词的宾语。例如：

（1）Such observation as these lead to the discovery that there can be rapid corrosion when a metal is nonhomogeneous and when it is in contact with water in which some gaseous, liquid or solid substance is dissolved.

这类观察使人们发现，当金属本身为非均质的，或者金属与溶解了某种气体、液体、固体物质的水接触时，金属可能会快速腐蚀。

（2）He expressed the hope that he could do that experiment again.

他希望他能重新做那项试验。

（二）同位语所说明的本位语不包含动作名词

另外，本位语不含动作意义但与其他词搭配构成动词词组的，也将同位语从句翻译为动词的宾语。例如：

（1）We haven't yet settled the question where we are going to spend our summer vacation.

我们还没有决定去哪儿度假。

（2）I have a firm belief that the feeding patterns parents impose on their children can determine their adolescent and adult eating habits.

我坚信，父母的喂养方式会决定他们的孩子在青少年时期以及成年后的饮食习惯。

（三）同位语从句译成定语来修饰本位语

（1）The phenomenon that the children of some senior officials and businessmen earn tuition by doing odd jobs is worthy of us more thinking.

一些高官和企业家的子女打工挣学费的现象值得我们深思。

（2）We all know the fact that all elements are made up of atoms.

我们都知道所有的元素都是由原子组成的这个事实。

（四）同位语从句译成独立的句子

有的同位语从句在翻译时，可以在从句前加"就是""即"；有的可以加冒号或破折号。例如：

They hammer out a "program of action" that sets as one of its primary goals the universal availability of reproductive health services, including family planning.

他们制订了一个"行动方案"，即把普及生育保健服务确定为主要的奋斗目标之一，其中包括计划生育。

★实战练习

试译下列句子，注意同位语从句的译法。

1. Someone made the suggestion that perhaps the president should call the new majority

leader.

2. His error had been making the common, but naive, assumption that only man-made chemicals could be dangerous.

3. We are not ignorant of the fact that all our relatives are against our marriage.

4. We felt frustrated about the result that our team was knocked out in the first round.

5. The chairman premised his speech on the belief that the rich want to help the poor.

6. Your abilities count, but the belief that you can succeed affects whether or not you will.

★练习答案

1. 有人建议总统应该给新当选的多数派政党领袖打个电话。
2. 他的错误使人们普遍而天真地认为只有人造化学品是危险的。
3. 我们并非不清楚所有的亲人都反对我们的婚姻。
4. 让人泄气的是我们的球队第一轮就出局了。
5. 主席的讲话是基于富人愿意帮助穷人这样一种信念的。
6. 你的能力固然重要，但你成功的信念影响到你是否真能成功。

第三节 定语从句的译法

定语从句在复合句中起修饰限定作用——限制、描绘或说明主句中的某一个单词、短语或整个主句。众所周知，英语句子为右开放型，定语从句放在主句的右边，即被修饰的词语之后。因此，一个句子可以向右扩展成无数个从句，句子长而复杂。而汉语则不然，汉语句子的定语部分置于被修饰的词之前，一般是前置定语，句子不能随意地扩展，句子较短。

从定语从句和它修饰的名词的关系来看，定语从句分为限制性定语从句和非限制性定语从句两种类型。同时，结合其他类型，定语从句可细分为限制性定语从句、非限制性定语从句、兼有状语功能的定语从句及特殊定语从句。不同类型的定语从句具有不同的结构特点。下面将针对各种类型定语从句的特点及各种情况研究其译法。

一、限制性定语从句的译法

顾名思义,限制性定语从句主要对所修饰的先行词起限制作用。其特征是主句和从句之间关系密切,中间不用逗号隔开。这表明,带有限制性定语从句的句子,主句的含义是不完整的,必须靠从句的补充说明,全句的意义才能表达清楚,如果去掉从句,全句的意义就会改变,甚至不通。因此,翻译此类句子时,要根据其这一特点,注意分析从句结构特点,可采用下列译法。

(一) 前置法

前置法亦称合译法,主要是指把英语限制性定语从句译成带"的"字的定语词组,置于被修饰的词之前,从而将英语复合句译成汉语单句,这种方法多用于结构简单、对先行词限制较强的定语从句的翻译中。

以 who、which、that、when 等引导的定语从句应使用前置法翻译,将从句内容置于先行词之前,一一译出。例如:

(1) To everybody's surprise, the child who had been lost for half a month came back home.

那个失踪半个月的孩子突然回家了,这出乎所有人的意料。

(2) The people who worked for him all show great respect for him.

为他工作的人都很尊重他。

(3) The boy who had been hidden all day in his room finally came out, saying that he would never go to school again.

这个整天躲在屋里的男孩最终出来了,并宣布自己再也不去上学了。

(4) The man who is working is her brother.

正在工作的那个男人是她哥哥。

(5) Environmental pollution is an urgent problem that we must deal with as soon as possible.

环境污染是我们亟待解决的问题。

（6）He had been too careless to discover the mistake which he has made in the task.

他太粗心了，竟然没有发现这次任务中他造成的差错。

（7）He was unwilling to tell me the reason why he gave up this opportunity.

他不愿意告诉我他放弃这次机会的原因。

（8）It is surprising that he doesn't tell me the exact time when he will complete this project.

奇怪的是，他并没有告诉我他完成这个计划的确切时间。

（9）He didn't tell us the place where we would meet the next day.

他并没有告诉我们第二天见面的地方。

（二）后置法

后置法亦称分译法，是指将定语从句与主句分开，主句在前，从句在后，译成并列分句。这种译法主要适用于从句结构复杂或译成汉语前置不方便，不符合汉语语言特点的情况。同时，后置法又分为两种，即重复先行词和省略先行词。

1.译成并列句，重复先行词的含义

（1）I told the story to Tom who then told it everywhere.

我把这件事告诉了汤姆，汤姆又四处宣扬。

（2）In 1872, Thomason led a scientific expedition which lasted for four years and brought home thousands of samples from the sea.

在1872年，托马森领导了一次为期4年的科学考察活动。考察人员从海洋中采集了成千上万的标本。

（3）A moment later he steps onto a taxi which takes him rapidly up to the hotel.

不一会儿，他就上了一辆出租车，出租车载着他飞快地驶向旅馆。

（4）They are striving for an ideal which is close to the heart of every Chinese and for which, in the past, many Chinese had laid down their lives.

他们正在为一个理想而奋斗，这个理想是每个中国人心中的理想，在过去，很多中国人为了这个理想而牺牲了自己的生命。

（5）Although short of experience, he is enterprising and creative, which are decisive in achieving success in the area.

他虽然经验不足，但很有进取心和创造力，而这正是其在这一领域获得成功的关键。

(6) They all have to go to Guangdong in the south where they can get a job to make a living.

他们不得不南下广东,只有在那里他们才能找份工作糊口。

2.译成并列分句,省略先行词

(1) They improved the production technology by which production has now been rapidly increased three times.

他们改进了生产工艺,采用该类工艺之后,现在的产量增加了3倍。

(2) It was he who received the letter that announced the arrival of your uncle.

是他接到了那封信,说你的叔叔就要来了。

(3) Coal is a type of resource which will burn at a reasonable temperature and produce heat.

煤是一种资源,在适当温度下能够燃烧并释放出热量。

(4) After dinner, the four leaders from major countries resumed their talks which continued well into the night.

饭后,4个主要谈判人物继续进行会谈,一直谈到深夜。

(5) My heart is full of sadness which I want to confide to someone.

我心中充满了悲伤,想向人倾诉。

(6) Matter has certain features or properties that enable us to recognize it easily.

物质具有一定的特征或性质,所以我们能够很容易地识别它。

(三) 融合法

融合法是指把原句中的主句和定语从句融合起来译成一个独立的句子,定语从句在汉译后成为单句中的谓语等句子成分,复合句变成简单句。英语中有些结构,如to be、there be 等,有时可省略不译。例如:

(1) There are many people who want to see the film.

许多人要看这部电影。

(2) There are many students who have finished their homework.

很多学生已经完成了作业。

(3) There are a lot of people who are interested in the project.

许多人对这个计划感兴趣。

（4）There is a man downstairs who wants to see you.
楼下有人要见你。

（5）There seems that many people want to see the film.
似乎许多人要看这部电影。

（6）It looks like that many people are interested in this project.
看来好像有许多人对该项目感兴趣。

（7）It seems like that he has given up this opportunity of a lifetime.
他似乎已经放弃了这个千载难逢的机会。

★实战练习

试译下列句子，并指出其使用的翻译方法。

1. I like the music for the very reason that（for which）he hates it.

2. We reached the day when（on which）they left.

3. Forests are being chopped down for valuable timber to accelerate the economic growth of the nations in which they are located.

4. Ocean currents affect the climates of the continent near which they flow.

5. They explained the reason to us why they had not corrected the mistake in time.

6. Those who were trapped during the earthquake finally got rescued.

7. The disaster that you were talking about sounded shocking.

8. The building which we are standing in used to be a hospital.

9. He is one of the students who have heard this news.

10. He is the only one of us that got praised from the teacher.

11. That was the reason why Mac thanked me.

12. The one who helps others should be praised.

13. I will never forget the five years that I spent in America.

14. We will try to help teachers improve the ways（that/in which）they communicate with their students.

15. That soldier whose left foot got wounded during the rescue passed away a few days ago.

★练习答案

1. 我出于某种原因喜欢这种音乐，而他恰恰与我相反。（后置法）
2. 他们走的那天我们到了。（前置法）
3. 为了加速他们各自所在国家的经济发展，森林作为有价值的原木被人们肆意砍伐。（前置法）
4. 洋流影响其流经的附近大陆的气候。（前置法）
5. 他们向我们解释了他们没能及时纠正错误的原因。（前置法）
6. 那些被地震困住的人们最终得救了。（前置法）
7. 你们刚才谈论的那场灾难听起来真可怕。（前置法）
8. 我们现在所处的这栋建筑物过去是个医院。（前置法）
9. 他是得知这一新闻的学生之一。（前置法）
10. 他是我们当中唯一受到老师表扬的学生。（前置法）
11. 那就是麦克谢我的缘由。（前置法）
12. 帮助他人的人应当受到表扬。（前置法）
13. 我在美国度过了 5 年的时光，我永远不会忘记。（后置法）
14. 我们将尝试着帮助教师改善他们与学生的交流方式。（前置法）
15. 那位在救援中左脚受伤的士兵几天前去世了。（前置法）

二、非限制性定语从句的译法

与限制性定语从句不同，非限制性定语从句与其所修饰的先行词的关系不是十分密切。主句和从句之间用逗号隔开，从句只是起补充说明作用。非限制性定语从句一般有两种情况，一种是修饰主句中的某一名词，一种是修饰整个主句。非限制性定语从句与限制性定语从句的翻译方法几乎一样，但有所区别的是，由于从句与主句有逗号隔开且关系不那么密切，因此非限制性定语从句主要采用合译法和分译法进行翻译。

（一）合译法

对于一些较短的、具有描述性的非限制性定语从句，也可译成带"的"字的前置定语，置于被修饰的词之前，把主从复合句译成一个单句。例如：

（1）He liked Lily, who was warm and pleasant, but he did not like Lucy, who was aloof and arrogant.

他喜欢热心友好的莉莉，而不喜欢冷漠高傲的露西。

（2）His open laughter, which was warm on such an occasion, broke the silence.

他那爽朗的笑声打破了沉寂，这种笑声在这种场合是很友好的。

（3）The sun, which had been hidden in the clouds for several days, now comes out.

太阳在云层里藏了好几天，现在终于出来了。

（4）She was beautiful, which would have made her popular everywhere.

她的美貌足以使她处处受到欢迎。

（二）分译法

由于非限制性定语从句与先行词之间的关系不是很密切，只是对其进行描写或叙述，而不加以限制，因此翻译非限制性定语从句最常用的方法就是分译法。运用分译法翻译非限制性定语从句大致有 3 种情况。

1.译成并列分句，省略先行词

这种译法主要适用于关系词无确定所指，即关系词与先行词并无联系，只起到连接主句和从句的作用的句子。例如：

With the pay that he received and saved, he went on with his studies at university, where he received his degree in 1905.

他用挣来的工资和省下的钱继续读大学，并于 1905 年获得学位。

2.译成并列分句，重复先行词的含义

这种译法适用于关系词有确定所指，关系词与主句先行词有密切联系，但不指代整个主句的句子。例如：

（1）We will put off the sports meet till next week, when the weather may be better.

我们要将运动会延到下周，那时天气也许会好一点。

（2）I told the story to John, who told it to his brother.

我把这件事告诉了约翰，约翰又告诉了他的弟弟。

（3）Daylight comes from the sun, which is a mass of hot glowing gas.

日光来自太阳，太阳是一团炽热发光的气体。

3.译成并列分句

这种译法适用于关系词有确定所指，且从句是用来修饰主句的整个句子或句子的一个部分。通常译为"这""这样""那""那样"等。例如：

（1）Nevertheless the problem was solved successfully, which showed that the prediction was correct.

不过，问题还是圆满地解决了，这说明预测很准确。

（2）The activity was postponed, which was just what we have expected for a long time.
活动延期了，这正是我们长期以来所期待的。

（3）He may have acute appendicitis, in which case he will have to be sent to hospital.
他可能得了急性阑尾炎，如果是这样，他必须得马上被送往医院。

（4）She is very patient with the children today, which was rare in previous days.
今天她对孩子们很有耐心，她平时很少这样。

★实战练习

试译下列句子，并指出其使用的翻译方法。

1. The old house, whose roof is made of glazed tiles, was destroyed in the Second World War.

2. The sun brings warmth to the earth, which is of great significance to our existence.

3. For many cities in the world, there is no room to spread out further, of which Beijing is an example.

4. He was educated at a local school, after which he went to Cambridge University.

5. We went through a period in which basic agricultural correspondence is very difficult to acquire.

6. Our company has 2 000 workers, of whom two thirds earned less than 2 000 yuan per month.

7. He has two sons, either of whom resembles him.

8. This is a book, of which the cover is red.

9. The sun heats the earth, which makes it possible for humans and plants to survive.

10. Earlier, the Babylonians had attempted to map the world, but they presented it in the form of a flattened disc rather than a sphere, which was the form adopted by Ptolemy.

★练习答案

1. 那座屋顶由琉璃瓦建造的老房子在二战中被毁了。（合译法）
2. 太阳给地球带来温暖，这对于我们的生存有重大意义。（分译法）
3. 对世界上的很多城市而言，它们已经没有向四周拓展的空间了，北京就是一个典例。（分译法）
4. 他在当地一所学校接受教育，之后他去了剑桥大学。（分译法）
5. 我们经历了一个阶段，在那期间农业通信是非常困难的。（分译法）
6. 我们公司有2 000名工人，其中三分之二的工人月薪不到2 000元。（分译法）
7. 他有两个儿子，每个都与他有几分相似。（分译法）
8. 这是一本封面为红色的书。（合译法）
9. 太阳给地球提供热量，这就使人类和植物的生存成为可能。（分译法）
10. 更早之前，巴比伦人曾试图绘制世界地图，但是他们把它绘制成平盘状而不是托勒密所采用的球体状。（分译法）

三、兼有状语功能的定语从句的译法

英语中有些定语从句，从其含义上看，在句子中充当状语，说明主句的原因、结果、目的和条件等。这种情况在限制性和非限制性定语从句中都存在，在翻译这类定语从句时要善于从字里行间找出这些关系来，并将其译成状语从句。下面就从表示原因、结果、让步、目的、条件、时间这六个方面来具体分析这类定语从句的翻译方法。

（一）译成表示"原因"的分句

当从句用来表示主句中某一动作或状态的原因时，从对语言环境的分析中，发现其意义与原因状语从句大致相当——用来修饰主句中的谓语动词。这类从句在主句中所表示的原因或逻辑关系，均可用表示原因的从属连词because、since、as等来翻译。

（1）The currents, which are very rapid, make the boats hard to cross.
因为水流非常急，所以船只通过比较困难。

（2）The cat, whose eyes can take in more rays than our eyes, can see clearly in the night.
由于猫的眼睛比我们人类的眼睛能吸收更多的光线，因此猫在黑夜里也能看得很清楚。

（3）He is unwilling to get along with Mrs. Smith, who is insolent and disagreeable.

他不愿与史密斯太太相处，因为她粗野且不友善。

（4）The ambassador was prepared to hold a party for a few people whom he wished especially to make friends with.

这位大使准备为几个人举办一场派对，因为他特别想和这些人交朋友。

（5）He may decide to withdraw from the organization whose ideas are contrary to his.

由于该组织与他个人的理念相悖，他决定退出该组织。

（6）He did not remember his mother who abandoned him when he was three years old.

他不记得他母亲了，因为他 3 岁时母亲就抛弃了他。

（7）You must have a full understanding of the students, which is essential to your teaching.

你必须全面了解学生，因为这对你的教学来说是非常重要的。

（二）译成表示"结果"的分句

当从句用来表示主句中某一动作或状态所产生的结果时，其意义相当于 so that 引导的结果状语从句，修饰主句的谓语动词。在翻译时，根据其意义及汉语的表达习惯，可加上适当的连词。例如：

（1）His writing tends to be long-winded which keeps the main issue clouded.

他的写作趋于啰唆，这使他的主要思想模糊不清。

（2）There was something special, independent, and heroic in this person that got the sympathy of everyone.

这个人身上有一些特别的、独立的特质及英雄主义色彩，所以他获得了所有人的同情。

（3）His class was very interesting and instructive, which attracted many students.

他的课既有趣又有教育意义，因此吸引了很多学生。

（三）译成表示"让步"的分句

当从句所表示的是主句中某一动作或状态与从句中的某一动作或状态在逻辑上有一定矛盾，但并不影响主句的表述或语气的突然转折时，其意义相当于由 though、 although 引导的让步状语从句。在翻译这类定语从句时可加上"但是""然而""却"等连词，以使译文流畅。例如：

（1）Robots, which have many advantages, cannot carry out creative work and replace man.

尽管机器人有许多优点，但是它们不能进行创造性的工作，也不能代替人类。

（2）The student, who had carefully prepared for the speech, could not avoid being nervous to express on stage.

尽管这个学生认真准备了演讲，但他站在舞台上还是难免紧张。

（3）He insisted on buying another book, which he had no use for.

他坚持要再买一本书，尽管这本书对他没用。

（4）He said he was unfortunate, which was untrue.

他说他很不幸，其实不然。

（5）Carl, who now holds an important position in a large chemical works, still remembers clearly the first time when the professor took them to the chemistry laboratory.

卡尔现在在一家大型化工厂担任重要职务，但他至今还清晰地记得教授第一次带他们进入化学实验室时的情景。

（6）My assistant, who had carefully read through the instructions before doing his experiment，could not obtain satisfactory results, because he followed them mechanically.

尽管我的助手在做实验之前已仔细阅读过操作说明，但由于他机械地照着操作说明做，因此没有得到满意的结果。

（四）译成表示"目的"的分句

当从句所表示的是主句中某一动作或状态发生的目的或动机时，其意义相当于由 so that、in order that 等引导的目的状语从句，用来修饰主句的谓语动词。

（1）They are trying to develop better instruments, which would help remove these troubles.

他们正在设法开发更好的仪器，以帮助排除这些故障。

（2）They are prepared to build up a new school here, where many poor students can receive proper education.

他们准备在这里建一所新学校，以便为很多贫穷的孩子提供适当的教育。

(3) Private schools usually offer various subjects that aim to meet the needs of different students.

私立学校通常开设各种各样的课程，以满足不同学生的需求。

(4) He is collecting enough evidence that supports his view.

为了证实他的观点，他正在收集足够的证据。

(5) Will you buy me a magazine that I can read on the train?

你能给我买本杂志好让我在车上看吗？

(6) They set up a separate camp, where they would be free to hold party, play games, etc.

他们搭建了单独的营地，这样他们便能随时举办派对，玩游戏，等等。

（五）译成表示"条件"的分句

当从句所表示的是主句中某一动作或状态发生的条件时，其功能相当于由连词 if 引导的条件状语从句，用来修饰主句中的谓语动词。这类从句既可以表示真实条件，又可以表示非真实条件。表示真实条件时，这类从句通常表达一种先决条件，可译为"如果""只要"等；表示非真实条件时，定语从句往往用虚拟语气来表达一种假设的情况，可译为"假如""要是"等。例如：

(1) Nothing is difficult in the world for anyone, who dares to scale the height.

世上无难事，只要肯攀登。

(2) Men become desperate for reform, any reform, which will help them away from their present life.

人们渴望改革，不管什么改革，只要能帮助他们摆脱目前的生活就行。

(3) Anyone who has reached the age of 18 has the right to vote and to be voted.

只要年满 18 岁，任何人都有选举权和被选举权。

(4) How can anyone hope to be a great leader, who doesn't know what his people are demanding?

一个人，如果不知道他的人民需要什么，怎能指望他成为一个伟大的领袖呢？

(5) Anyone who breaks the rules and regulations will be punished severely.

任何人只要违反了规章制度，都要受到严惩。

(6) They said the clothes made of this magic cloth would be invisible to anyone who

was unfit for the office he held.

他们说，用这种神奇的布缝制的衣服，那些不称职的人是看不见的。

（六）译成表示"时间"的分句

当从句所表示的动作与主句所表示的动作几乎同时发生时，其意义相当于由连词when、while、as 等引导的时间状语从句，修饰主句中的谓语动词。这类从句在表示时间时，往往有突出主句动作发生的时间的特点，在翻译时可以处理成时间状语从句，往往需要加上相应的连词，如"当……的时候"。例如：

（1）I saw Mr. Li who was lost in his thought in his office.

我在办公室看见李先生了，当时他正在办公室里沉思。

（2）I suddenly took notice of the man who was passing by me.

那个男人从我身边走过时，我突然注意到了他。

（3）Electrical energy that is supplied to the motor may be converted into mechanical energy of motion.

把电能供给电动机时，电能就能转化为机械能。

（4）A driver who is driving the bus mustn't answer the phone or be distracted.

司机在开车时，一定不能接电话，也不能走神。

（5）The thief, who was about to steal, was caught red-handed by the policemen.

小偷正要行窃时，被警察当场抓住（或被警察逮了个正着）。

★实战练习

试译下列句子，注意定语从句的作用与译法。

1. He wishes to write a book that will give expression to his views.

2. I take pains to get a passport, which will enable me to go abroad next year.

3. My father, who thought I had made a mistake, opposed me strongly.

4. Atoms, which are very small, can be broken up into still smaller particles — electrons, protons and neutrons.

5. This company, which wants to promote their new products, is racking their brains to formulate marketing strategies.

6. In an office, figures, lists and information are reorganized which tell the editor what

should be adjusted in the next issue.

7. Anyone who works hard and never gives up will succeed.

8. A new product, which is original in design, beautiful in packing and superior in quality, may very likely be a hit in the market.

9. He who does not reach the Great Wall is not a true man.

10. There is nothing difficult for people who stick to and try hard to do it.

11. We had to get to the station as soon as possible, which would not prevent us from catching the last bus.

12. He bought a new flat for his parents in the countryside, where they could spend their rest life happily.

13. He who breaks the law should be punished.

14. The monitor, who works hard, is not popular with his classmates.

15. He tries hard to throw the huge stone away, which only dropped onto his own foot.

16. The soldier was wounded so badly in the war that he died soon in the hospital.

17. He, who is always ready to help others, has won respect from all his neighbors.

18. All of us love the girl, who is both beautiful and smart.

★练习答案

1. 他想写一本书，来表达自己的观点。

2. 我一直努力争取一张护照，以便明年出国。

3. 父亲认为我犯错了，所以强烈反对我（的做法）。

4. 原子虽然很小，但它仍能分解为更小的粒子——电子、质子和中子。

5. 为了推销新产品，这个公司正在绞尽脑汁制定营销策略。

6. 在办公室里，工作人员重新整理各种数据、清单以及信息，以便让编辑在下一期进行相应调整。

7. 任何人，只要努力工作、永不放弃，就会成功。

8. 一种新产品，只要设计新颖，包装精美，质量一流，就能在市场上热销。

9. 不到长城非好汉。

10. 世上无难事，只怕有心人。

11. 我们必须尽快到达车站，以便赶上末班车。

12. 他在乡下给父母买了一套新公寓，以便让他们幸福地度过晚年。

13. 他触犯了法律，应该受到处罚。
14. 班长工作很卖力，但并不受同学欢迎。
15. 他奋力将石头扔得远远的，结果却砸了自己的脚。
16. 那个战士在战争中受伤严重，结果很快就死在医院了。
17. 因为他总是乐于助人，所以他赢得了所有邻居的尊重。
18. 我们都喜欢那个女孩，因为她既漂亮又聪明。

四、特殊定语从句的译法

特殊定语从句是指修饰整个主句或主句部分内容的非限制性定语从句。这种定语从句只能由 which 和 as 引导，所以也分为 which 引导和 as 引导的两种情况。

（一）which 引导的特殊定语从句的译法

特殊定语从句中由 which 引导的非限制性定语从句通常修饰整个主句，对主句所叙述的事实或现象加以总结概括、补充说明，起到承上启下的作用，其前面都有逗号隔开。翻译这类定语从句时采用分译法，将关系代词 which 译作"这""这样"或"从而""因而"等。例如：

We took a short cut through the woods, which saved about ten minutes.

我们抄近路穿过树林，这节省了大约 10 分钟。

（二）as 引导的特殊定语从句的译法

as 引导的定语从句比较特殊，因为这种定语从句近似插入语或状语，通常对主句所作出的陈述予以附加说明，这和 which 引导的定语从句修饰全句的意思很相似，但 as 有"正如"的含义，而 which 没有。as 在句子中的位置较灵活，可位于主句之前、之中或之后。而且，as 与某些词语形成固定搭配，具有某些习惯特征。对于含这种定语从句的句子，翻译时一般采用分译法，把关系代词译成"这""正如""如"等。例如：

（1）As we know now, heavy objects and light objects fall at the same speed unless air holds them back.

正如我们现在所知道的，若无空气阻力，轻重不同的物体下落的速度都相同。（固

定搭配）

（2）I'd like to use the same tool as is used here.

我想使用和这里用的一样的工具。

前面提到，as 引导的非限制性定语从句还有"正如"之意，所以这类从句可译成独立分句。例如：

The material is elastic, as shown in the figure.

如图所示，这种材料富有弹性。

以下是一些常见的 as 引导的用于非限制性定语从句中的结构，其参考译文如下：

as is well known 众所周知

as is known to all 众所周知

as is often the case 情况常常如此

as may be imagined 可以想象得出

as often happens 这种情况常常发生

as has been said before 如前所述

as has been pointed out 正如已经指出的

as is hoped 正如所希望的那样

as is supposed 如所料想的

as is anticipated 如所预期的

as is the custom with 习惯如此

★实战练习

试译下列句子，并注意特殊定语从句的译法。

1. As we discussed just now, it's not easy for us to make a decision like that.

2. He borrowed the same book as the one I had been reading for the past two months.

3. As we have expected, the meeting has been put off until next month.

4. As is known to us all, Bill Gates founded Microsoft on his own.

5. He isn't such a man as would abandon his wife and children.

6. I prefer to use the same tools as were used in your factory.

7. I don't enjoy such a book as you are reading.

★练习答案

1. 正如我们刚才讨论的那样，对我们而言做出那样一个决定确实不容易。
2. 他借的书和我过去两个月读的那本书一样。
3. 正如我们所料，会议推迟到了下个月。
4. 众所周知，比尔·盖茨独立创建了微软公司。
5. 他不像是那种会抛妻弃子的人。
6. 我更喜欢用与你们工厂用的一样的工具。
7. 我不喜欢你正在读的那类书。

第四节 状语从句的译法

英语中的状语从句包括表示时间、原因、条件、让步等的从句，现就各自的翻译方法说明如下。

一、时间状语从句的译法

（一）译为与汉语对应的表时间的状语

（1）While undergoing the training, he must observe a most exact discipline.
在接受训练时，他必须严格遵守纪律。
（2）As they grow, children experience small triumphs, such as learning to tie shoelaces.
随着年龄的增长，儿童能体会到许多小小的成就感，如学会系鞋带。
（3）Actually the painting had been gone for more than twenty hours before anyone noticed it was missing.
实际上，直到这幅画消失了 20 多个小时后才有人发现。
以上例句译文中表示时间的状语位置与原文一致。
（4）Suddenly these cliches become scientific questions, as researchers scrutinize the

power of positive thinking.

当研究人员仔细研究积极思维的作用时，这些陈词滥调突然间都成了科学问题。

（5）The atmosphere gets thinner and thinner as the height increases.

随着高度的增加，空气越来越稀薄。

以上例句译文中时间状语前置，符合汉语时间状语一般前置的特点。

（二）译为分句，不特别强调时间状语

（1）In short, while in school, we should temporarily put aside our personal liking and patiently observe school discipline so that we may temper ourselves and become solid stuff.

总之，我们在求学时期，应该暂且把个人爱好放在一边，耐着性子遵守学校的纪律，把自己锻炼成坚实的材料。

（2）When it flutters out from a cluster of blooming flowers and alights somewhere in the middle of its graceful flight, it turns into a dried leaf, not even of a withering yellow, but of a deathly gray.

它逸出了繁华的花丛，停止了翱翔的姿态，变成了一片干枯的，甚至不是枯黄的而是枯槁的、如同死灰颜色的枯叶。

（3）Before the year was out, her memory began to fail.

那一年还没有到头，她的记忆就开始衰退了。

（4）They drank and ate as they chatted.

他们一边聊天，一边吃喝。

（三）译为"刚（一）……""一……就……"的句式

（1）Scarcely had the votes been counted when the telephone rang.

选票刚统计好，电话铃就响了。

（2）We had scarcely arrived when he asked us to leave.

我们刚到，他就叫我们离开。

（3）Hardly had he gone when she appeared.

他刚走，她就出现了。

（四）译为表示原因的分句

I'm actually a lot more productive today than I was in the past, when I was using a very timetable driven approach method of getting things done.

其实，我今天的工作效率比过去提高了很多，因为我使用了一个时间表来促使我完成任务。

★实战练习

一、试译下列句子，把表时间的从句译为汉语并列的分句。

1. She was 82 and living in Keokuk when, unaccountably, she insisted upon attending a convention of old settlers of the Mississippi Valley.

2. A man comes to this world with his fist clenched, but when he dies, his hand is open.

3. Why am I moved when the joys and sorrows in fact are not my own nor even real?

4. Strike while the iron is hot.

二、试译下列句子，尽可能运用"刚（一）……""一……就……"的句式。

1. Scarcely had I fallen asleep when my mother came in.

2. She fainted as soon as she heard the news.

3. Please write or cable as soon as you arrive.

三、试译下列句子，体会时间状语的一般译法。

1. When things go wrong the pessimist tends to blame himself.

2. When things go right, the optimist takes credit while the pessimist sees success as a fluke.

3. As someone intoned about the mechanisms of carcinogenesis, Ames began to interject his own views.

4. You could always put it down when you were tired of holding it.

★练习答案

一、

1. 82岁那年，她住在基奥卡克镇，不知什么缘故，她执意要去参加密西西比河流域老移民的会议。

2. 一个人握紧拳头来到这个世界，但他却是松开手掌离开这个世界的。

3. 为什么我会对这些我并没有亲身经历的，甚至并不是真实发生的喜乐与忧愁如此感同身受？

4. 趁热打铁。

二、

1. 我刚睡着，妈妈就进来了。

2. 她一听到这个消息，就晕过去了。

3. 请你一到就给我们来封信或发个电报。

三、

1. 出了问题之后，悲观主义者倾向于自责。

2. 当一切顺利时，乐观主义者居功自傲，而悲观主义者只把成功视为一种侥幸。

3. 当某人振振有词地大谈致癌机制时，爱姆兹开始打断他，并陈述自己的观点。

4. 当你厌倦拿着它的时候，你可以随时把它放下。

二、原因状语从句的译法

原因状语从句通常由从属连词 because、since、as 与并列连词 for 引导。because 引导的从句往往表示直接的原因或理由，可译为"因为"。since 引导的从句一般表示对方已知的、无须加以说明的既成事实的理由，全句中心在主句，常译为"既然"。as 引导的从句一般表示十分明显的原因，说明因果关系，重点在主句，语气较弱，常译为"由于"。for 引导的是并列分句，它只是对前面的分句加以解释，说明推断的理由，译为表"因"的分句。

（一）将"因"前置

（1）Since you have no spirit, I have to settle for beer.
既然你没有烈酒，我就喝点啤酒吧。

（2）We have to resign ourselves to fate since we cannot think out an effective remedy.
既然我们想不出一个有效的解决办法，我们就只好听天由命了。

（3）I could not say all I wished because he kept interrupting me.
由于他不断地插话，我无法把想说的话说出来。

（二）将"因"后置

一般来说，汉语表"因"分句在表"果"分句之前，英语则比较灵活。但在现代汉语中，受西方语言的影响，汉语中的"因"也有后置的。例如：

（1）For most technologies, patents are not filed in the Least Developed Countries, because the small potential markets do not justify the cost of obtaining patents there.

对于大部分技术来说，专利是不需要在最不发达国家申请的，因为那里的潜在市场小到还不够支付申请专利的费用。

（2）Pursue not so much the material as the ideal, for ideals alone invest life with meaning and are of enduring worth.

与其追求物质不如追求理想，因为只有理想才能使生命有意义，才有长存的价值。

（3）Bamboo is light because it is hollow.

竹子很轻，因为它是空心的。

★实战练习

一、试译下列句子，把表"因"的从句前置。

1. His business went under because of competition from the large corporation.

2. There are no pressures from parents for them to get married as they are still young.

3. He doesn't seek advice, since he assumes nothing can be done.

二、试译下列句子，把表"因"的从句后置。

1. Most importantly, I'm incredibly happy and excited every second of the day because I'm doing what I love every second.

2. John watched every opportunity because he wanted to get on.

3. We could not reason out which way the robbers escaped, because we were unable to find any trace of them.

★练习答案

一、

1. 由于大公司的竞争，他的公司倒闭了。

2. 由于还年轻，他们不会迫于父母的压力而结婚。

3. 因为他认为什么都做不了，所以便不去寻求建议了。

二、

1. 最重要的是，我在一天中的每一秒都非常开心和兴奋，因为每一秒我都做着我喜欢的事情。

2. 约翰盯住每一个机会，因为他想获得成功。

3. 我们推断不出这些强盗是从哪个方向逃走的，因为我们找不到他们的任何踪迹。

三、条件状语从句的译法

（一）译成相应表"条件"的分句

（1）"If we could teach people to think more positively," says psychologist Craig A.Anderson of Rice University in Houston, "it would be like inoculating them against these mental illnesses."

休斯敦莱斯大学的心理学家克雷格·A.安德森说："如果我们能教会人们更积极地思考，那就如同为他们注射了预防这些心理疾病的疫苗。"

（2）If things are going badly, he acts quickly, looking for solutions, forming a new plan of action, and reaching out for advice.

如果事情进展不顺利，他会立即采取行动，寻找解决办法，制订新的行动计划，并且主动寻求建议。

（3）If those thoughts spell gloom and doom, that's where you're headed, because put-down words sabotage confidence instead of offering support and encouragement.

如果那些想法意味着黑暗和毁灭，那你就会走进黑暗和被毁灭，因为贬低的话语会摧毁你的信心，而不会支持你、鼓励你。

（4）If you spend all your time chasing trivia, you will lose sight of the important risks.

如果你把你所有的时间都花在追查微不足道的东西上，你就会忽略重要的风险。

（5）She excused this preference by saying that, if she did not go to other people's funerals, they would not come to hers.

她为这种爱好解释说，要是她不去参加别人的葬礼，人家也不会来参加她的葬礼。

（6）Do tell us in case you have any trouble.

万一有什么困难，一定告诉我们。

（7）He'll never pay up unless you get tough with him.

你如果不对他强硬点，他是绝不会把钱付清的。

（8）You can soon get out of practice unless you play the piano regularly.

除非你能经常练习钢琴，不然你会很快对它感到生疏。

（9）Supposing he is absent, what shall we do?

假如他不在，我们该怎么办？

（二）译成补充说明情况的分句

（1）They can be applied in any context, as long as you understand how to apply them, of course.

它们可以应用于任何一种语境，当然，只要你懂得如何应用它们。

（2）To do list is a standard tool if you are trying to stay productive.

任务清单是你保持工作效率的一个标准工具。

（3）If you want to work with iron, you must be tough yourself.

打铁先得本身硬。

★实战练习

试译下列句子，体会条件状语从句的译法。

1. If people feel hopeless, they don't bother to acquire the skills they need to succeed.

2. If flying frightens you, get absorbed in the lights and roads near the airport as your plane is taking off or landing.

3. If the "country kitchen" is the style you want, you'd be better off buying a griddle.

4. If you think about it, you will find that you prefer neatness and restraint.

5. So if you're finding planning a chore, then to clear something isn't right.

6. If you prefer storing information digitally and you spend a lot of time at the computer, then going digital might be more conductive.

7. If you like using pen and paper and you usually work away from the computer, then stick to the traditional writing pads.

★练习答案

1. 如果人们感到没有希望，他们就不会费心思去获得成功所需的技能。

2. 如果你害怕坐飞机，那么在飞机起飞或降落时，你就聚精会神地观看机场附近的灯光和道路吧。

3. 如果"田园式厨房"是你想要的风格，那你买个平底锅会更好些。

4. 如果你考虑一下，你就会发现，你更喜欢整齐和有节制。

5. 所以如果你认为制订计划是一件苦差事，就把一些不合适的事情清除掉吧。

6. 如果你更喜欢以数字的方式储存信息，喜欢花费大量的时间在电脑上，那么电子类的东西可能更适合你。

7. 如果你喜欢使用纸和笔，并且通常不在电脑前工作，那么就坚持使用传统的书写簿吧。

四、让步状语从句的译法

（一）译成表"无条件"的条件分句

（1）Feeling passive and unable to dodge life's blows, he expects ill health and other misfortunes, no matter what he does.

他消极被动，不会躲避生活中的打击，无论做什么，他都会担心身体不好或其他不幸的事情发生。

（2）Whatever you do, be observant of what is going on around you.

无论你做什么，都要善于观察你周围所发生的一切。

（3）No matter how hard everyone tried to persuade him, he just wouldn't listen.

不论大家怎么劝说，他就是不听。

（4）No matter how much he resists her help, she persists in waiting for an opportunity to help him or tell him what to do.

无论他多抗拒她的帮助，她执意等待机会去帮助他或告诉他要做什么。

（二）译为表"让步"的分句

（1）Similarly, even though we may have a hundred and one things in our to do list, not all of them have the same importance.

同样，尽管在我们的待办事项清单上可能陈列了一大堆事情，但并不是每一件事都有同等的重要性。

（2）While it sounds an unorganized and ineffective way of handling the tasks, it actually isn't.

虽然这听起来是一种不系统且没有效果的处理任务的方式，但是事实上不是这样的。

★实战练习

一、试译下列句子，把表示让步的从句译成表"无条件"的条件分句。

1. But there's a lot you can do, no matter what your situation is.

2. No matter what I did to the bill, you still wanted it because it did not lose its value.

3. No matter how busy or tired you are, your kids deserve this time with you.

4. Relish every moment, no matter whether you are walking to work, eating, or talking to friends.

二、试译下列句子，译成表示"让步"的分句。

1. Even though the relationship may break up, it will bring sweet memories in later years.

2. Even if you do not believe in living your life by the list, it is still a great way to clear your mind of unnecessary information and make sure that you do not forget any important tasks or dates.

★练习答案

一、

1. 但是不管你处境如何，你还是可以做很多事情的。

2. 不管我怎么对待这张钞票，你们依然想要得到它，因为它并没有失去它的价值。

3. 无论你有多忙、多累，这段和你在一起的时间是你的孩子应得的。

4. 享受生活的每一刻，无论是你在走路去上班、在吃饭或是在和朋友聊天。

二、

1. 即使这段关系可能会破裂，但也会在以后的岁月里带来甜蜜的回忆。

2. 即使你不相信，但在生活中，这些工作清单仍然是一种清除你大脑中的不必要信息，保证你记得任何重要的任务或者日子的好方法。

第四章 常见篇章的翻译

第一节 英语习语的翻译

一、英语习语简述

习语是文化的载体,又是语言的精华,是某一语言在使用过程中形成的固定的短语或语句,其表达形式简洁,句子精辟,能以形象的比喻(或比拟)说明深刻的道理。一个国家或民族只要有语言文字,便会有绚丽多彩的成语、谚语和典故。

随着人类社会物质文明和精神文明的不断发展,新事物和新概念的大量涌现,人类语言变得更加丰富。然而,由于每个民族历史和文化不同,每种语言均保留着自己的习惯用法和表达方式。这种习惯用法在英语中称为 idiom,意指英语中长期的、习用的、表达完整意义的、结构定型的固定词组或短句。

习语有以下特点:
(1)由一个以上的词构成;
(2)其意义不能从构成这个习语的词及其句法结构直接推导出来;
(3)习语中的词通常不能用类似的词来替换。

英语习语的形成与相关的民族文化是密不可分的,从某种意义上说,文化是产生习语的"温床"。每个民族自身独有的文化是该民族在生产劳动、生活方式中形成的独特风格和传统,其中包含着历史、语言、风俗、生活方式、思维方式等。习语是经过人们长期使用、千锤百炼而成的语言,它的产生在很大程度上依赖特定的社会文化背景。

二、英语习语的影响因素

（一）地理环境的影响

文化的形成脱离不了自然地理环境的影响，而习语作为文化的一种鲜活表现形式也不可避免地受制于客观的自然地理环境。英语习语的形成深受英语国家特有地理环境的影响。以英国为例，该国土地面积不大，但其海岸线曲折、港阔水深，具有优良的航海条件，该国习语和海就有着很深的联系。例如 coldfish 字面意义是"冷鱼"，作为俚语，其含义为"不友好的人、冷酷无情的人"。

又如，在海上通商兴起的那段时期，海盗活动猖獗，海盗船常常悬挂假旗号（false colors），光明正大地接近其他商船而不会引起对方的警惕。后来人们就用"sail under false colors"这个短语表示"假装"和"冒充"的意思。

（二）文学作品的影响

文学是语言的一种重要表现形式，也是构成民族文化的基本要素之一。人们通过文学作品表达自己的思想和情感。文学源于生活，又高于生活。经典的文学作品除了给我们带来一些经典的文学人物和故事情节，还为我们留下了一些经典的习语。例如 girl Friday 是"女秘书、女助手"的意思，这个短语源于英文名著《鲁滨孙漂流记》。鲁滨孙漂流到一个孤岛后，由于一个偶然的机会救了一个食人族的人，因为他是在星期五那天救的人，因此他将这个仆人命名为 Friday。Friday 对鲁滨孙非常忠诚，后来 Friday 一词慢慢发展为"奴仆、秘书"的意思。

（三）风俗习惯的影响

风俗习惯指个人或集体的传统风尚、礼节、习性，是特定社会文化区域内历代人共同遵守的行为模式或规范。风俗由历史形成，它对社会成员有一种较强的行为制约作用，它深刻地影响着人们社会生活的各个方面。例如，西方人结婚一般都要在教堂里举行婚礼，在婚礼的开始，一般都是新娘的父亲陪着新娘沿着教堂的过道走向神父，因此"to walk down the aisle"就有了"结婚"的意思。

三、英语习语的特征

（一）民族性

习语是人民大众在长期的生产劳动中创造出来的，与一个民族的地理环境、历史背景、经济生活、风俗习惯、宗教信仰以及价值观念等方面有着不可分割的联系。由于中西方在地理环境、生活习惯、文化心态等方面存在差异，因此它们在一些习语的表达上也呈现出明显的民族性。例如，汉语中使用"雨后春笋"来形容事物迅速而大量地产生，而在英国是不产竹子的，因此，英语用 like mushrooms（像蘑菇一样）来表达相同的意义。又如形容一个人喝水很多，汉语中常用"牛饮"，而英语中则用"to drink like a fish"。因为英国是个岛国，四面环海，渔业发达，所以英国人民常拿鱼来比喻其他事物。而中国是个农业大国，以农耕为主，因此中国人民常以耕牛为喻。另外，以狗为例，英国人把狗当作忠实可靠的朋友，常以狗的形象比喻人的行为和生活，如"sick as a dog"（病得十分严重），"Every dog has its day."（人人都有得意时）等；在中国，与狗有关的成语大都含有贬义，比如"狗仗人势""人模狗样""狼心狗肺"等。因此，我们只有注意语言的民族差异，才能更加准确地理解其中的内涵。

（二）整体性

习语的意义是不可分割的统一体，整个组合的语义无法从构成组合各词的单独词义推出，各个词在组合中也相应地丧失了它们原先在语义上的独立性。

由此可以得出，研究和掌握英语习语的关键就在于弄清其语义特征。换句话说，也就是要知道一个习语它到底是什么意思。有这样一个例句："He cannot tell the manager off, so he takes it out on the office boy."（他无法斥责经理，所以就拿办公室勤杂工出气）。句子中的"tell sb. off"和"take it out on sb."这两个习语的意义分别是"斥责、数落"和"拿……撒气"。可以看出，这两个习语的意义与组成习语的各词原来的意义有很大的出入，甚至是毫不相干的。因而即使在一定的上下文中，有时也难以猜出其真正含义。

（三）不合逻辑性

英语中有部分习语，无论是从词的组合还是从语义上看，都明显不符合思维逻辑，但由于多年的沿袭使用，因此它们从未有过变动。例如"face the music"（接受批评或惩罚），"grass widow"（离了婚与丈夫分居的女子）。上述两则习语不仅词的搭配不合逻辑，语义与原义也有很大的差别，甚至毫无内在联系。有的习语在词语搭配上似乎合乎逻辑，但从语义上看，同词语组成的字面意义或比喻意义截然相反，如"There is no love lost between them."，按逻辑推理，应该是"他们互相恩爱，从未闹过别扭"之意，但在长期的使用过程中却发展成为完全相反的语义："他们彼此憎恨，毫无爱情可言。"像这种语义不同于字面意义的习语不胜枚举，如"get out of bed on the wrong side"（一起床就心情不佳）、"start a hare"（话离本题）、"see red"（大发脾气）、"on the nail"（立刻，马上）等。这类习语虽然难以理解，却往往具有较强的表现力，正是这种习语激发了人们的想象力，增添了本土语言的生气和魅力。

（四）不可类比性

习语的语义往往由于种种历史、社会的原因自然形成，而非产生于逻辑推理，因此一般不能通过类比的方法随心所欲地变动或者创新，否则就会背离所学语言国家的文化传统和语言习惯，在理解或表达上出错。例如，我们不能用 upside down 来类比 downside up，不可把 take in hand 改为 take in hands 或 take into hand，等等。总之，不管是近似类比，还是反义类比，都不能随意运用于习语。我们既不能运用类比的方法推出习语的已知语义，也不能根据习语的已知语义，运用类比的方法随意创造新的习语。

（五）比喻性

一个为人们所共知的语言现象或单词往往会在其使用的过程中产生各种各样的比喻意义，尤其是隐喻，英语习语更是如此，许多英语习语都具有隐喻意义。例如"beat about the bush"（拐弯抹角地讲话）、"burn the candle at both ends"（过度劳累）。这类习语的语义，虽然也由整体性所决定，无法从组成习语的各词的单独词义推出，但是它们各自的字面意义组合到一起，通过其所构成的概念或形象，使人产生联想而理解其比喻意义。又如习语"Wash one's dirty linen in public.""Carry coals to Newcastle.""Even Homer sometimes nods."，它们各自的字面意义为："当众洗衣服""运煤到纽卡斯尔""就连荷马也有时打盹儿"，但是由于所用的比喻生动形象，只要人们在联想中稍加推理，就不难明白它们所表达的真正含义是："家丑外扬""多此一举"和"智者千虑，必有一失"。还有一点，有的隐喻习语由于在形式上同按字面意义理解的自由词组完全相同，如果不结合上下文认真推敲，有时就会弄错其真正含义。例如习语"at the top of the tree"可以有几种理解,既可以表示"躲避某人而隐藏起来",又可以指"爬得太高而处境危险",还可以指"在事业上已经取得了辉煌的成绩"。但究竟取哪个意思,必须放在上下文中来考虑,在使用这类习语时,要力求避免产生歧义的任何可能。

四、英语习语的翻译方法

(一)直译法

直译法是指在不违背译文语言规范以及不引起错误联想的前提下,在译文中保留原习语的民族色彩、语言风格和比喻形象的方法。随着科学技术的迅速发展和国际交往的日益频繁,一些具有民族特色的东西越来越多地被其他民族所理解和接受。中西方的文化交流日益频繁,英汉两种语言的文化差异正在缩小,不同的民族特色正在逐步融合,这使得习语的直译成为可能。例如,由于希腊罗马神话故事的流传,对于略懂英语文化的中国人来说,英语习语 Pandora's box 并不陌生,并且他们知晓其隐含意义——灾祸之源。因此,这个英语习语可以直译为"潘多拉的盒子"。又如,"like a bull in a china shop"可直译为"像闯进瓷器店的公牛"。瓷器是非常精美但易碎的工艺品之一。一般的顾客在瓷器店里选购物品尚需轻手轻脚,轻拿轻放,以免打碎瓷器。若有一头公牛闯进瓷器店,后果将不堪设想。因此,该习语常用来指"笨拙鲁莽的人"。

更多典型译例如下:

(1) to draw water in a bamboo basket(竹篮打水一场空);

(2) to cry for the spilt milk(为打翻的牛奶哭泣);

(3) to pave the way for sth.(为……铺平道路);

(4) as busy as a bee(像蜜蜂一样忙);

(5) to give the green light to(为……开绿灯)。

直译法不仅保留了英语习语的形象,而且将源文化完整地传递给目的语的读者。但是在采用直译法时应考虑译文是否符合目的语读者的思维,是否能使他们从字面上产生联想,从而获得其隐含意义,并产生与源语读者相类似的反应。

(二)意译法

语言毕竟是交流的工具,因此译者的首要任务是让读者理解原文隐含的意义。当在目的语中找不到相同或类似的习语或习惯表达式时,应考虑采用意译法。

请看下面只能采用意译法的两个译例:

(1) "the real McCoy"(货真价实的)。英语国家在体育运动中通常采用运动员的姓氏称呼本人。据说,美国有位叫 Charles McCoy(McCoy 是姓氏)的拳击手,一次,一个流氓冒充他在公众场合欺负人,正好 McCoy 路过,一怒之下将流氓一拳打昏在地,流氓醒来的第一个反应是大叫"It was the real McCoy!"。意为:"这才是真正的麦科伊!"由此 the real McCoy 表示"货真价实,绝非假冒"。而 McCoy 这个姓氏,绝大多数中国人连听都没听说过,更别提了解与之相关的典故了。

(2) "fight like cat and dog"(激烈的争吵)。如果按字面意义将其直译成汉语,尽管保留了原文形象,但不符合汉语的表达习惯。因此,可以根据习语在句子中表达的意义进行意译。翻译这类习语时应舍弃源文化内涵而采用意译,以使目的语读者明白其隐含意义。

(三)套译法

用汉语中字面意义、形象意义和隐含意义都相近的习语套译英语习语。例如"a wolf in sheep's clothing"(披着羊皮的狼)指的是假装是好人,而实际上是坏人的人。这一习语在欧洲几乎所有的国家都会使用,同样在汉语中的使用也很普遍。这样的翻译无论是在字面意义、形象意义,还是在隐含意义方面都与英语习语极其相似,因此可以直接借用汉语习语。

1.可直接套译的习语

(1) pour oil on the flames 火上浇油

(2) fish in the troubled waters 浑水摸鱼

(3) know sth. like the palm of one's hand 对某事了如指掌

(4) go through fire and water 赴汤蹈火

(5) new wine in old bottles 旧瓶装新酒

(6) spend money like water 挥金如土

(7) to offer fuel in snowy weather 雪中送炭

从以上译例,我们不难看出,一些英语习语中所使用的形象,它们本身的字面意义和所表达的隐含意义在英语国家和中国都极其相似,用汉语习语套译,既保留了原习语的韵味,又使目的语读者感到非常熟悉、亲切。由于英汉两种语言在词语、文化和认知上存在差异，绝对等值的标准是很难达到的。因此，有时只能舍弃由于形成背景的差异而引起的形式或语义上的细微差别，在目的语中寻找一些意思相近的成语或习惯表达，保留源语最重要的隐含意义。如果在目的语读者中产生的效果接近在源语读者中所产生的效果，也算是大致等值。例如英语习语"kill two birds with one stone"可以套译为"一箭双雕"。汉语读者也能理解其隐含意义，但两者喻体有别。西方人用"石头"做工具，中国人则用"弓箭"做工具，但不论是哪种工具，这两句习语都意指做一件事情却意外促成两件好事。这样的翻译在源语和目的语读者中产生的效果是等同的。

2.喻体有别套译的习语

（1）"put all one's eggs in one basket"被译成"孤注一掷"。这句习语的原义是如果一个人将所有的鸡蛋全放在一只篮子里，万一打翻则彻底完蛋，一无所有。而汉语成语"孤注一掷"意指将所有的钱一次性押上，一旦赌输则同样彻底完蛋，一无所有。二者都表示风险太大。

（2）"to teach one's grandmother to suck eggs"可译为"班门弄斧"。该习语可以这样理解：祖母的人生阅历和经验是小孙子无法相比的，只有祖母教孙子吸鸡蛋而没有孙子教祖母吸鸡蛋的道理，用来比喻在行家面前卖弄。虽然该习语所借用的喻体和意象与汉语中的"班门弄斧"所借用的不同，但比喻义却是相同的。

由以上译例不难看出，该翻译方法借用目的语中的喻体或意象来诠释源语习语中的喻体，虽然牺牲了源语中的喻体，但是形象地传达了原习语的隐含意义，并且还保留了习语的简洁而多用修辞手法的特点。

（四）注释法

东西方在历史、地理、宗教、风俗等各个方面的差异造成了"不可译因素"。许多英语习语不仅难以在目的语中找到相应或类似的表达，而且意译也常常顾此失彼。对于这类习语，可以采用加注释的方法来处理。

（1）"keep one's fingers crossed"或"to cross one's fingers"译作"但愿好运，祝愿成功"（美国人喜欢做的一个手势是把食指和中指交叉起来后再向人伸出，表示祝别人成功和交好运）。中国文化中并没有交叉手指传达祝愿的习俗，因此必须向汉语读者解释美国人的这一习俗，否则会令他们难以理解。

（2）"the sword of Damocles"或"Damocles' sword"通常翻译为"达摩克利斯之剑——临近的危险，岌岌可危"（古希腊的国王迪奥尼修斯为了让贪图安乐、妒忌主人生活的大臣达摩克利斯知道当国王的危险，当达摩克利斯到宫中赴宴时，叫人在他头上悬挂了用一根头发拴着的利剑。整个宴会期间，达摩克利斯提心吊胆，吓得要死)。

很明显，该种译法译成的汉语句子比较长，虽然不符合习语言简意赅的特点，但是它能表现习语的隐含意义，传达习语形成的文化背景和内涵，并且还能给汉语文化注入新鲜的血液。

（五）增补法

增补法是翻译中重要的变通手段之一，它可以兼顾习语的字面意义、形象意义和隐含意义。有些习语按字面意义翻译后往往因文化、社会、历史内涵而让目的语的读者费解，但意译其隐含意义又会失去比喻形象和文化色彩，这时，可以考虑使用增补法。例如英语习语"to get blood from stone"用增补法译作"石中取血——做不可能的事"；又如英语习语"as rich as Croesus"直译为"富如克罗伊斯"，会令读者费解，因为目的语读者对克罗伊斯并不了解；若意译为"非常富有"，该习语所蕴含的文化信息和比喻形象则损失殆尽。若采用增补法将其译为"像克罗伊斯国王一样富有"，尽管略显啰唆，但是它可以传达习语的隐含意义、保留比喻形象，并且还采用了明喻的修辞手法。

五、英语习语修辞的翻译

英汉两种语言都有大量丰富的习语及修辞手法，而习语本身就是语言中的重要修辞手法。确切地说，习语是语言中使用修辞手法的集中表现。英语中的大多数修辞手法都能在汉语里找到。两种语言在修辞手法上极为相似，下面就英语习语中的部分常用修辞手法进行初步分析、比较和归纳。

（一）明喻

英语明喻和汉语明喻完全相同，其基本格式是"甲像乙一样"。在英语中常用的表示比喻的词有 as、like、seem、as if、as though 等，即本体、喻体和比喻词全都出现，明确地表示出本体和喻体之间的关系，故称为明喻。例如：

（1）as meek as a lamb 像羊羔一样温顺

（2）quick like lightning 疾如闪电

（3） as honest as a dog 像狗一样忠诚

（4） as white as snow 像雪一样白

（5） as proud as a peacock 像孔雀一样骄傲

（6） as sharp as a knife 像刀一样锋利

（7） as slow as a tortoise 像乌龟一样慢

（8） as motionless as a statue 像雕塑一样静止

（9） as brave as a lion 像狮子一样勇敢

（10） as light as a feather 像羽毛一样轻

（11） as rigid as a stone 像石头一样坚硬

（12） as hungry as a wolf 像狼一样饥饿

（13） as straight as an arrow 像箭一样直

（14） as thick as a wall 像墙一样厚

（15） as thick as porridge 像粥一样稠

（16） as black as a crow 像乌鸦一样黑

由于基本格式相同，运用汉语明喻的手法可正确表达原文思想。因此，翻译这类习语时可采用直译的方法，即译文用词和结构与原文保持完全对应。

（二）隐喻

本体、喻体都出现，中间用比喻词"是""成了""变成"等连接，有时不用比喻词。隐喻的典型形式为"甲是乙"。同明喻一样，隐喻也是常用的修辞手法之一。例如"a brow as white as marble"（像大理石一样洁白的额头），有比喻词 as，故该短语是明喻；而 a marble brow（大理石般的额头），该习语无比喻词，而是把比喻关系暗含在句子中，因此为隐喻。英语的隐喻包含汉语的隐喻、借喻和拟物。例如：

（1） black market 黑市（暗中进行不合法买卖的市场）

（2） running dogs 走狗（本指猎狗，今比喻盲目遵从政治体制或信仰的人）

（3） cold war 冷战（指国与国之间在军事以外的外交上、经济上和心理上的战争）

（4） hotline 热线（指两国领导人间的专用电话）

（5） with the tail between the legs 夹着尾巴（指狼狈的形象）

（6） to play with fire 玩火（暗示正在做危险的事情）

英语中有着极其丰富的典故，但其特有的文化背景决定着汉译时不能盲目地套用汉语典故。

（三）异叙和拈连

1.异叙

异叙的特点是用一个词（如动词、形容词、介词等）与两个词或更多的词相搭配，巧用一词多义的特点，并且与这个词搭配时用这种词义，与另一个词搭配时用另一种词义。例如：

He lost the game and temper. 他输掉了比赛，大发脾气。

中心词 lost 与 game 和 temper 搭配。在这个句子中，lost the game（输掉比赛）意为 fail（失败），而 lost temper（发脾气）意为 out of control（失去控制）。有了中心词 lost，这两个短语很自然地、巧妙地联系在一起。又如：

（1）He made a creature and mistake. 他制造了一个怪物，同时也犯了一个错误。

（2）In his fishing trip, he caught a fish and a cold. 他钓到了鱼，也患了感冒。

2.拈连

拈连是指用一个词搭配两个名词。它在形式上与异叙相同，但这两者本质上却不同，拈连的特点是关键词除与一个词成自然搭配外，还与另一个本来不该搭配的词搭配在一起。例如：

weeping eyes and hearts 一双双流泪的眼睛和一颗颗哭泣的心灵。一般来说，在这个例子中，weeping（哭泣）只能与 eye（眼睛）搭配，但在这里被用来与 heart（心）搭配。这与常提到的一笔双叙法不同。又如：

（1）To wage war and peace. 发动战争与谋求和平。

（2）Open her door and her heart to the boy. 她为小伙子开了门，也敞开了心扉。

（四）借代

英语借代专指用专有名词代替普通名词或用普通名词代替专有名词。例如：

（1）Romeo 罗密欧（代替热恋的男子）

（2）John Bull 约翰牛（代替英国或英国人）

（3）Solomon 所罗门（代替聪明人）

（4）Uncle Sam 山姆大叔（代替美国）

（5）White House 白宫（代替美国政府）

（6）Pentagon 五角大楼（代替美国国防部）

（7）Whitehall 白厅（代替英国政府）

（五）音韵修辞手法

英语中很多习语前后对称、音节优美、韵律协调，读起来铿锵有力、朗朗上口。这些习语在结构上近似汉语的对偶，译为汉语时最好能译成具有上述特征的汉语。这类习语很多，例如：

（1）Several men, several minds．仁者见仁，智者见智。

（2）Safe bind, safe find．藏得好，容易找。

（3）Out of sight, out of mind．眼不见，心不烦。

以上例句属押头韵。

（1）No pains, no gains．不劳则无获。

（2）One man, no man．孤掌难鸣。

以上例句属押尾韵。

这些习语语言凝练、生动形象，又带有一定的韵律，易于记忆。

六、翻译英语习语时应注意的问题

在翻译英语习语时，应考虑到英汉两种语言的文化差异及由此所引起的词汇空缺现象，能用形象的汉语表达的则套用汉语习语，不能套用的则真实地反映其隐含意义。但是，在翻译的过程中，译者还应该注意以下几个问题。

（一）切忌望文生义

由于英汉文化之间的差异，有一些英语和汉语字面上的意义相同，但真正意义却不同，这些习语可谓"貌合神离"，翻译时要特别注意，切不可望文生义。例如 break the ice 不是"打破冰"，而是"打破隔阂""打头说话"的意思；have a long head 不是"有一个长脑袋"，而是"擅长……"的意思；have one's tail up 不是"翘尾巴"，而是"兴致勃勃"的意思；in the hole 不是"在洞里"，而是"负债"的意思；move heaven and earth 不是"翻天覆地"，而是"竭尽全力"的意思；pull one's leg 不是"拖后腿"，而是"捉弄某人""和……开玩笑"的意思,等等。

(二) 切忌逐字翻译

不同的民族有着不同的文化背景,虽然同一思想内容在两种语言中都有意义相近的表达方式,但是由于双方运用的比喻形象不同,译成汉语时,在内容上难免会有所差异。翻译这类英语习语时,不能逐字翻译,应结合汉语的语言习惯,加以适当变通。例如:

(1) as mute as a fish 噤若寒蝉

(2) as stubborn as a mule 像骡子一样倔

(3) as stupid as a goose 蠢得像猪

(4) as timid as a rabbit 胆小如鼠

(5) black sheep 害群之马

(6) cherish a snake in one's bosom 养虎为患

(7) like a cat on hot bricks 热锅上的蚂蚁

(8) like a rat in a hole 瓮中之鳖

(三) 注意民族特色,不要生搬硬套

汉语和英语中有许多习语是反映各自民族特色的,在英汉互译时,一方面应注意保留这种特色,另一方面应当注意不要用汉语中具有鲜明民族、地方色彩的习语硬套英语的习语。还应注意,把英语习语译为汉语习语时不仅不能违背忠实、通顺的翻译原则,还要更好地遵守这个原则。

(四) 注意习语的缩略、变异形式,合理翻译

英语习语有时会以缩略的形式出现,而其含义不变。一般来说,这种简化习语的英译汉是在易于理解的条件下保留原文的简化形式。下面是一些英语习语常用的缩略形式,翻译时应特别注意其真正含义。例如"to cry over spilt milk"是"It's no use crying over spilt milk."的缩略形式,我们常译为"覆水难收";"a friend in need"是"A friend in need is a friend indeed."的缩略形式,意思是"患难之交才是真朋友";"birds of a feather"是"Birds of a feather flock together."的缩略形式,意思是"物以类聚,人以群分"。

第二节 篇章语言学与话语分析

翻译与写作有相通之处。要做到译文准确、可读性强，就要系统掌握汉语和英语的音韵学、语义学和语用学理论，熟悉各类句式的转换规则，善于从宏观和微观两个角度交叉审视语言现象，从语内和语际两个方向验证自己的理解和表达的准确程度，通过静态和动态两种模式分析不同的和相似的表达形式的差异，进而深入了解不同文化背景在语言表达中留下的烙印，并将其蕴涵的信息传达给读者。本节所讨论的篇章理论，是把翻译中可能碰到的几类语言现象置于超句范围中来观察，力求消除因囿于传统的字、句、段分析模式而产生的理解和表达盲点，帮助学生尽快提高翻译水平。

一、篇章语言学

篇章语言学（text linguistics）又叫话语语言学，是德国学者哈拉尔德·魏因里希（Harald Weinrich）于 1967 年提出的一种理论。传统的词汇学、语法学和修辞学主要局限于研究短语和句子环境中的词义、语法和修辞的构成、相互关系、结构模式及其交际效果。而篇章语言学则主张研究连贯性话语环境中的语法、语义和语用的构成、作用及应用关系。在这一理论基础上后来又形成了篇章语法学、篇章语义学和篇章语用学。

若干个语句可以组成语链，若干个语链可以组成语群，若干个语群还可以组成语段，而若干个语段又可以形成篇章。这样的层次组合关系既不是以简单累加的方式进行的，也不是以随意无序的方式综合而成的。它们都是按照一定的规则有机结合的，涉及语序规则、思维习惯和民族文化等多种因素。译者如不熟悉两种语言的组合规则就无法准确地传达原文的含义。

二、话语分析

话语分析（discourse analysis）是 1952 年美国结构主义学家海里斯（Z. S.Harris）提出来的理论，主张用替换模式（substitution mode）和分布模式（distribution mode）来分析大于句子的语段，以研究话语平面上类似于音位和语素的结构单位。语义（特别是连贯语义）及其结构一旦被人为地分离开来，大于句子的结构成分就较难判断，因此话语分析研究一度遇到重重困难。严格地说，篇章语言学以书面语为主要研究对象，而话语分析则以口语为主要研究对象。

话语分析理论与篇章语言学理论有许多相互交叉和相互印证的地方。两者都把语言看作一种行为，力求从宏观上来观察、分析和归纳各类词汇、语法、修辞现象，这对译者来说具有重要的借鉴和参考意义。

一般来说，文章或谈话中的任何词语和句子都不可能是孤立的。因此翻译时词语和句子的具体含义、语气以及其他隐含信息（如风格和语体），都必须通过语境来确定。所谓"语境"，小而言之是有关词语前后的短语和句子，大而言之则包括前后段落，甚至整篇文章、整本书和相关知识。称职的译者既不能只看见树木而看不见森林，也不能只看见森林而看不见树木。

如果从一个语篇中单独拿出一个句子对学生进行测试，就会发现他们犯错的原因正是他们不了解句子所处的语境。篇章语言学理论和话语分析的基本观点也可应用于对比语言学（contrastive linguistics）和错误分析（error analysis），是与翻译理论研究和实践密切相关的内容。

第三节 篇章中的句型分类

从修辞角度看，句子可以被划分为长句和短句（long and short sentences）、圆周句和松散句（periodic and loose sentences）、完整句和破碎句（complete and fragment sentences）、对偶句和排比句（antithetical and parallel sentences）四种类型。

这几种句式并无好与坏或者好与更好之分,但是它们在不同语境中却可能产生不同的修辞效果。翻译时在不违背原文总体风格的前提下可以不完全受原文句子长度、结构和句式的约束,可以根据目的语的语法和修辞要求以及表达内容的实际需要选用不同句式。

一、长句和短句

(一)概念及实例

所谓"长句"和"短句"是就一个规范句子中用词多少和结构的复杂程度而言的。有人做过统计,英语日常谈话平均每句用词量为 12 个,各类语体单句用词量为 18 个。

一般来说,长句容量大,结构复杂,便于表达深刻的思想、丰富的感情,体现宏伟的气势,较多用于书面语和正式场合。例如,长句一般出现在法律文书、学术论著、政府公告、历史文献中。而短句用词量少,语法结构明确,用于表述简单的概念、浅明的道理以及结论性的观点,既可用于口语也可用于书面语。但是由于短句容易组织,简洁明了,因此在口语和非正式场合中使用较多。例如,对话、广告、标语、海报、警句、谚语等一般为短句。现在人们崇尚平民化和口语化的文风,短句使用的频率有所增加。下面是一些长、短句的实例。

(1) Growth of trade will depend greatly on availability of energy sources.(短句)

(2) Tourism is greatly responsible for the rapid development of some developing nations.(短句)

(3) All these activities of government are documented. And private activity is documented as well. Newspapers tell more than they used to. Televisions tell things that were never told before.(短句)

(4)在经济全球化的今天,没有任何一个国家可以忽视中国的存在。(短句)

(5)中国的旅游业已经迈出了从亚洲旅游大国向世界旅游强国跨越的步伐。(短句)

(6) The results of the 1999 survey on overseas tourists' expenses in China show that China earned US \$12.916 billion from international tourism between January and November 1999, an increase of 12.33 percent over the same period of 1998.(长句)

(7) After the bodybuilding American film star Arnold Schwarzenegger arrived in

China, a film festival, a run along the Great Wall, and dinners in Beijing and Shanghai were arranged to raise funds and profiles for Special Olympics China (SOC) the program that brings mentally disabled athletes into competition for the highest athletic attainment.（长句）

（8）中国投资贸易洽谈会采取5个结合的形式，即引进来与走出去相结合、投资与贸易相结合、展示与洽谈相结合、项目推介与政策咨询相结合、商务活动与学术研讨相结合，为海外朋友和企业家了解中国、走进中国，中国企业家了解世界、走向世界创造了良好机会，开辟了充分交流的渠道。（长句）

（9）为了更好地发挥先进典型的示范带动作用，推动创建文明风景旅游区活动的深入开展，在各地推荐的基础上，中央文明办、文化和旅游部确定浙江省普陀山风景名胜区、云南省丽江古城风景旅游区、安徽省九华山风景名胜区、湖北省武当山风景名胜区、甘肃省麦积山风景名胜区、河南省嵩山风景名胜区、湖南省衡山风景名胜区、新疆维吾尔自治区喀纳斯国家级自然保护区、黑龙江省镜泊湖风景名胜区和内蒙古自治区阿尔山风景区等10个景区为第四批全国文明风景旅游区示范点。（长句）

（二）长句和短句在翻译中的应用

长句和短句是为不同的表达需要服务的，它们各有自己的特点。长句不容易使读者或听众立刻抓住要点，使用不当会使表达冗长、拖沓、散乱，甚至使首尾不能照应。连续使用的短句给人的印象则是停顿太多、思想跳跃、表达不连贯、句式单调、语气犹豫。通常的做法是长句和短句交叉使用，宜短则短，宜长则长。例如：

"Venture capitalists there are very short-sighted," says Mr.Wan. "They will invest only if they know you're about to list on the stock market. They want a quick return."

万先生说："那儿的风险投资家眼光非常短浅，只有在知道你们的股票即将上市时才会投资，为的是快速获取回报。"

如果在一篇译文中过度集中使用长句或短句，轻则使译文句式单一，失去可读性和得体性，影响表达效果，重则导致译文中的句子在语法上或修辞上出现错误，使译文的文体风格混乱。

二、圆周句和松散句

（一）概念及实例

人们常按照时间、顺序、方位、大小、关系、逻辑和层次来叙述、描写或者说明人物和事件。先说次要情节，后说主要内容的句子叫作"圆周句"；先说主要观点，后介绍相关情况的句子叫作"松散句"。圆周句更符合人们的思维逻辑，汉语的许多句子把重心放在句末，即所谓的"句末重心"，与圆周句的特点是一致的；松散句，特别是松散长句，似乎逻辑颠倒，本末倒置，但是对关心某一事件的发展或人物命运的读者来说，却具有特别的表达效果。不同的叙述、描写和说明方式可以产生不同的语言效果。请看下面的例句：

（1）The resolution being taken, they set out the next day.（圆周句）

（2）The global economy that boomed in the 1960s, growing at an average of 5.5 percent a year, and pushed ahead at a 4.5 percent-a-year rate in the mid-1970s, simply stopped growing in 1981.（圆周句）

（3）提高品位，以人为本，依山治山，普陀山营造文明旅游环境。（圆周句）

（4）按照"先放开外币、后放开本币，先放开贷款、后放开存款"的原则，通过加大利率的浮动幅度、规定贷款利率下限和存款利率上限等过渡方式，我们将逐步实现利率市场化。（圆周句）

（5）The young soldier was gone, looking old, and walking heavily.（松散句）

（6）The park is situated in a valley, the hills being greatly crowned with green foliage, their sides covered with grass, and a transparent river running eastwards.（松散句）

（7）连锁经营具有很大优越性：集中统一管理有利于提高流通效率；标准化的商品与服务有利于扩大销售；集中采购配送有利于降低进货成本；多店铺经营有利于减少经营风险。（松散句）

圆周句和松散句有各自的修辞效果，圆周句适用于介绍日常生活中发生的事情，给读者或听众理解领会的时间，吸引他们的注意力，制造一种悬念效果，有助于移情和共鸣的产生；松散句的叙述方法为先果后因，先主要后次要，适用于重大事件的报道或复杂概念的表述。

（二）圆周句和松散句在翻译中的应用

汉、英圆周句和松散句的互译，在句式选择上不必刻意反其道而行之，因为这两种句式在两种语言中都是存在的，也是读者所熟悉的。如果汉语松散句中带有多个插入语，英译时可酌情采用合译的办法；若英语松散句中包含若干个分句或者分词短语、不定式短语或动名词短语，汉译时可把它们译为独立的短语或并列分句。至于是否要改变原文的圆周句或松散句的特点，则取决于目的语的语法和修辞在具体语境中的要求。例如：

（1）Whenever the local government held a press conference extolling its efforts to build high-tech industry, Mary was there, a poster girl of sorts, always smiling and urging the government on.

每当地方政府举行记者招待会说明其为发展高科技工业所做的努力时，玛丽都会出席，她就像一位海报上的女郎，总是笑容可掬，鼓励政府继续努力。

（2）With soaring unemployment, collapsing real estate prices, rising bankruptcies and faltering tourism numbers, it is increasingly clear that the investors' reliance on the property sector and the stock market no longer works.

随着失业率的剧增，房地产价格的暴跌，破产企业的增多，旅游业的举步维艰，情况也越来越明显：投资商对房地产和股市的依赖已不再可行。

三、完整句和破碎句

（一）概念及实例

完整句和破碎句也是相互对立的两种句式。所谓完整句中的"完整"是指句子中的主要语法成分齐全，特别是主语、谓语、宾语齐全。而破碎句则是语法成分残缺的句子。因为在日常交流过程中，独词句（由一个词或名词性短语构成的短句）、非主谓句和省略句大量存在，所以其语法结构是成立的，只是相对完整句的结构而言破碎句显得有些不完整罢了。破碎句非常口语化和生活化，是句式变化的手段之一，在现代文学作品和日常对话中经常使用，具有独特的表达效果。

（1）Traveling has now become a highly organized business.（完整句）

（2）The number of inbound tourists increased rapidly in China. The accumulative total between January and November 2000 was 67 million, a rise of 15 percent over the same period of 1999.（完整句）

（3）与中国进行双边市场准入谈判的世贸成员国共有 37 个。（完整句）

（4）9 月 13 日中国和墨西哥两国大使在日内瓦签署的双边协议，标志着中国与世界贸易组织所有成员的双边市场准入谈判全部结束。（完整句）

（5） The sweet part is California and the ranch and freedom. The sorrow — the goodbyes, of course, and leaving this beautiful place.（破碎句）

（6）那个人的声音又在道静耳边响起来。年轻人的，亲切的，又像是在梦中似的。（破碎句）

（7）她和她老公都不善于谈论自己，据说在接受电视台采访时抓耳挠腮，模样让人揪心，但是谈起 2008 年的北京奥运会却滔滔不绝，甭提多那个了。这两个人！（破碎句）

（二）完整句和破碎句在翻译中的应用

翻译完整句和破碎句时，应尽可能按照原文的句式对译，力求保持原作的语气和风格。例如：

Who or what is to blame for the world recession? The United States? Japan? An uncontrolled world currency system? Third World borrowers?

这次世界性的经济衰退应该归咎于谁？是什么原因引起的？美国？日本？无法控制的世界通货体制？还是第三世界的借债人？

四、对偶句和排比句

（一）概念及实例

对偶句通常由结构接近、意义相关的两个部分组成，适用于表示相互对照的概念，常用于诗歌、说明文和论说性文体。对偶句多用于书面语，如果用于口语则可能显得有点书本气。

目前，一些修辞学著作和辞书对"排比句"的界定不完全一致，但是许多学者认为，排比句是 parallel sentences，而不是 coordinate sentences。它是结构相似、语气一致、关系并列的一组句子，既可以是通过标点或连接词连接的若干个结构相似、内容相衬的分句，也可以是意义相关、结构相似、前后排列的独立句子。词的并列不能构成排比句，只有短语和句子才能作为排比成分。一般来说，排比句经常包含三个及三个以上的语句，其结构不必对称，但是词语构成和数目多半相同。这类句子有助于加强并列观点的表达力度，加深读者或听众的印象。下面是一些对偶句、排比句的实例：

（1）Give me liberty, or give me death.（对偶句）

（2）Between fame and true honour is much difference: The former is a blind and noisy applause; the latter is an internal and more silent homage.（对偶句）

（3）白酒红人脸，黄金黑人心。（对偶句）

（4）不让古人是谓有志，不让今人是谓无量。（对偶句）

（5）The world watches.The world listens. The world waits to see what we will do.（排比句）

（6）The quickest way to receive love is to give; the fastest way to lose love is to hold it too tightly; and the best way to keep love is to give it wings.（排比句）

（7）这里有新的宾客，新的馈赠，新的颂扬，新的钻营，新的磕头和打拱，新的打牌和猜拳，新的冷眼和恶心，新的失眠和吐血……（排比句）

（8）故不登高山，不知天之高也；不临深溪，不知地之厚也；不闻先王之遗言，不知学问之大也。（排比句）

（二）对偶句和排比句在翻译中的应用

从某种程度上说，对偶句和排比句在结构上都是别具匠心的，多半用于加强语气，表现语言的节奏，能起到强调和渲染的修辞效果。因此，只要原文的句式是对偶句和排比句，都要尽可能地把它翻译出来，否则就可能有损原作的风姿。例如：

（1）Lucky in life, unlucky in love.

生活得意，情场失意。

（2）Sometimes we travel singly, sometimes in groups of two, three, or four, sometimes with an agency representative along.

旅游中，有时我们独行独往，有时我们三五成群，有时旅行社代表相伴。

（3）Neither of us seeks the territory of the other; neither of us seeks domination over the other; neither of us seeks to stretch out our hands and rule the world.

我们谁都不企图占有对方的领土，我们谁都不企图控制对方，我们谁都不想伸出手去统治世界。

根据原文的风格、语气和译文再创造的需要，有时也可以把原文中的非对偶句和非排比句翻译成对偶句和排比句。例如：

He felt that he was gradually aging while his mother remained the same age.

他觉得母亲容颜未改，而自己却年岁日增。

第五章 英语各类文体的翻译

第一节 文学文体的翻译

一、文学文体文本的特点

文学文体文本是以语言文字为工具，借助各种修辞和表现手法，并以不同的形式抒发情感、传达思想、反映客观现实的文本。根据"四分法"，英语中的文学文体文本可以分为诗歌、小说、散文和戏剧。为了渲染艺术气氛、塑造人物形象、展现人物心理等，文学文体文本经常运用各种语言手段和语言结构。

尽管不同的文学文体之间有着明显的差异，但在语言的使用上有着共同的特点，具体表现在以下几个方面。

（一）抒情意味浓重

在文学文体文本中，作者为了渲染气氛、衬托心情，常使用具有浓重抒情意味的语言。如果这些语言运用得当，可以大大提高作品的感染力。

The wind shook some blossoms from the trees, and the heavy lilac blooms, with their clustering stars, moved to and fro in the languid air. A grasshopper began to chirrup by the wall, and like a blue thread a long thin dragon-fly floated past on its brown gauze wings. Lord Henry felt as if he could hear Basil Hellward's heart beating, and wondered what was coming.

（选自 *The Picture of Dorian Gray*）

风从树上摇落了一些花瓣，丁香花沉甸甸的，像星星团成的花簇，在慵懒的空气中来回晃动着。墙角边一只蚱蜢开始吱喳地叫了起来，一只纤长的蜻蜓展着薄纱般的翅膀像一根蓝线般飘然掠过。亨利勋爵觉得仿佛能听见巴兹尔·豪沃德的心跳，他很想知道接下来他会说些什么。

上述这段寓情于景的抒情性描写，不仅描绘出了夏日午后的恬静，也烘托出了作者当时的心情。

（二）形象生动

形象生动是文学语言的一个显著特点，无论是小说、散文、戏剧还是诗歌，作者都力图用生动的语言描绘出生动的形象，以达到表情达意的效果，给读者留下深刻的印象。

He was a lovely boy, clad in skeleton leaves and the juices that ooze out of trees but the most entrancing thing about him was that he had all his first teeth. When he saw she was a grown-up, he gnashed the little pearls at her.

他是一个很可爱的男孩，穿着用树叶和树浆做的衣裳。可是他身上最迷人的地方是他还保留了一口乳牙。他一看见达令太太是一个大人，就对她龇起满口珍珠般的小牙。

上述文字以生动的语言向读者展现了一个纯真、可爱、调皮，而且满口乳牙的小男孩形象。

Pure, bracing ventilation they must have up there at all times, indeed; one may guess the power of the north wind blowing over the edge, by the excessive slant of a few stunted firs at the end of the house; and by a range of gaunt thorns all stretching their limbs one way, as if craving alms of the sun.

纯洁与兴奋的空气，他们这里当然是随时都有；屋的尽头处几棵发育不全的枞树枝过度倾斜以及一排茁壮的荆棘枝向着一个方向伸展四肢，好像是向太阳乞讨，这都使我们猜想到吹过篱笆的北风的威力。

上述一段文字选自英国作家艾米莉·勃朗特（Emily Bronte）的《呼啸山庄》。虽然文字简短，但形象的描写能使读者强烈地体会到冬天来临时此地气候的恶劣，同时能感受到一种蕴含在文字中的不屈不挠的精神。

（三）韵律感强

文学语言总是给人一种美的享受，这种美不仅指内容美，还包括形式美。这种形式美主要体现在语言的韵律和节奏上。诗歌对韵律有着严格的要求，是最具韵律美的文学文体。

    So smooth, so sweet, so silvery is thy voice.

    As, could they hear, the Damned would make no noise.

    But listen to thee (walking in thy chamber)

    melting melodious words, to Lutes of Araber.

（选自 Upon Julia's Voice）

你唱得那么圆润、动听、似银铃，

地狱的幽灵听见了，也会安静，不再号叫。

当你缓步厅堂中，使和谐语言和琥珀琵琶交响。

在诗的第一行，诗人用 s 来押头韵，使得该行读起来轻柔、顺畅。而在诗的第四行，诗人又用 m 押头韵，加强了诗行的润滑度，从而清晰地展现了诗人的意图，即形容 Julia 的声音美妙动听。

（四）具有幽默感

富有幽默感也是文学作品的一个显著特点。在文学文体文本中，幽默的语言通常能有效吸引读者的注意力，帮助读者理解和接受作品的情感和观点。

例如：

Ted Robinson has been worried all the week. Last Tuesday he received a letter from the local police. In the letter he was asked to call at the station. Ted wondered why he was wanted by the police, but he went to the station yesterday and now he is not worried any more. At the station, he was told by a smiling policeman that his bicycle, which was stolen twenty years ago when Ted was a boy of fifteen, had been found.

（选自 Quick Work）

泰德·鲁宾逊焦虑了整整一个星期。上星期二他收到当地警察局的一封信，要他到警察局去一趟。泰德奇怪警察为什么找他，但昨天还是去了，现在他不再担心了。在警察局里，一位面带笑容的警察告诉他，他 20 年前还是 15 岁的时候被偷的那辆自行车被找到了。

上文是《破案神速》中的一段话。故事一开始描写了主人公泰德·鲁宾逊因收到警察局的信而十分不安，结果警察却告知他 20 年前丢失的自行车找到了，这种强烈的反差和极度低下的办事效率让人顿感幽默。

（五）具有象征性

象征性也是文学作品的一个显著特点。文学作品通常大量运用象征手法，通过具体的事物来表示某种抽象的意义，通过简单的象征物传达微妙、深刻的思想感情。

例如：

Through one violet-stained window a soft light glowed, where, no doubt, the organist loitered over the keys, making sure of his mastery of the coming Sabbath anthem.

（选自 *The Cop and the Anthem*）

一丝柔和的灯火从紫罗兰色的玻璃窗里透露出来。无疑，里面的风琴师为了给星期日唱赞美诗伴奏正在反复练习。

上面短短的一句话中，有两处用了象征手法：一是灯光（soft light），象征希望或指引道路的东西；另一个是赞美诗（Sabbath anthem），象征着圣洁和虔诚。

二、诗歌的翻译

（一）诗歌翻译的原则

诗歌外在形式独特，音韵节奏突出，意境生成方式多样，内涵丰富。诗歌的这些特征均带有鲜明的审美性，因此在诗歌翻译实践中，再现诗歌的审美艺术性需要遵循一些原则。

1.音美

诗歌最讲究音乐性。中外诗歌，无论是传统的格律体，还是现代的自由体，均对诗歌语言的音韵、节奏有一定的要求。格律体诗外在的音乐性更显突出，自由体诗内在的音乐性更趋自然。诗歌外在与内在的音乐性并不是刻意为之，它们均有效地传达着诗歌的情感律动与意义，简言之，便是"音义合一"与"音情合一"。因此，翻译中讲究"音美"，就是要忠实地传达原作的音韵、节奏、格律等方面所表现的美感，使译文"有节调、押韵、顺口、好听"。中西诗歌的音韵表意系统不同，可以汉诗的"平仄"或"顿"以及韵式来对应英语诗歌的"音步"及韵式，反之亦然，这是使译文取得与原作相似音美效果的有效途径。

2. 形美

诗歌的外在形式最为醒目。在诗歌翻译中，形美是指要保存原诗的诗体形式。诗体形式有定型形式与非定型形式之分，前者对字数或音节数、平仄或音步、行数、韵式等均有较为严格的要求，体现出鲜明的民族文化特征。后者虽不受制于一定的诗体形式，但其呈现的外在形式却表现了诗情的流动性。在这一意义上，传达形美也就意味着传达原作所具有的文化特性与诗学表现功能。形美另一方面是指要保持诗歌分行的艺术形式。诗作中的诗句是采用一行之内句子语义完整的煞尾句诗行，还是采用数行之内句子语义才可完结的待续句诗行，虽无一定之规，但不同的诗行形式代表着不同的诗情流动路径，体现了作者不同的表情意图。

3. 意美

意美是指译诗要和原诗一样能打动读者的心。意美的形成是一个作者、文本、读者共同参与的过程，也就是说，是一个作者赋意、文本传意、读者释意的共生体。作者之意或在文本语义之中，或在文本艺术结构之上，读者释意或基于文本的语义，或基于文本的艺术结构。因此，意美的传达包括以下几个方面的内容：

（1）忠实地再现原诗的物境，即诗作中出现的人、物、景、事；

（2）深刻反映原诗的意境，即诗作中所蕴含的诗人的思想、意志、气质、情趣；

（3）使译文读者得到与原文读者相同的意境，即读者基于诗作的"实境"在头脑中产生想象、联想之"虚境"。

因诗歌创作的艺术手法不尽相同，有的诗作具有这三个方面的意美特色，有的只是某些方面的特色更为突出，在翻译实践中需要具体情况具体分析，有的放矢。

（二）诗歌翻译的常用方法

在众多文学文体中，诗歌的翻译是最困难的，有"诗不可译"之说，因此对译者的要求也最高。诗歌翻译的困难之处指的是诗歌的音韵和美感很难被传译出来，并不是说诗歌不能被翻译。

为了提升诗歌翻译的质量，更好地翻译出原诗的内涵与意境，在翻译之前，译者应该注意以下几个方面的内容：

第一，了解诗的内涵。了解诗歌内涵是进行诗歌翻译的首要步骤。译者需要抓住诗歌的主题，了解诗中所包含的意象及其背后的含义。可以说，了解诗歌的内涵是准确传达原作意蕴的前提。

第二，要具有丰富的想象力。诗歌通常是诗人发挥想象力、使用形象的语言创作而成的。因此，要想译出原诗的意象，译者也应具有丰富的想象力，要进入诗人的想象情境，领会其中的意境。

第三，理解原诗包含的感情。诗歌的语言通常具有强烈的感情色彩，诗人通常借助生动的语言将心中的情感抒发出来。因此，译者只有怀着与诗人相同的感情，使用动情的语言，才可能忠实地传递原作的感情。

在满足上述要求的基础上，译者应采取一些恰当的翻译方法，提高翻译的效果。具体而言，翻译诗歌可以采取的方法包括形式性翻译法、阐释性翻译法、调整性翻译法、模仿性翻译法。下面分别对这些诗歌的翻译方法和实践进行分析。

1.形式性翻译法

诗歌注重通过形式进行思想表达，因此诗歌的主题与形式息息相关。在对诗歌进行翻译的过程中，译者也需要注重形式的作用。

形式性翻译指的是译者尽可能采用和原诗作相同或相似的形式，保留原诗作的韵味。形式性翻译注重译文形式完全忠实于原文，追求译文的学术价值，通常会避免外来成分（如社会、哲学、历史、文化成分等）的介入。

应用形式性翻译法具体应做到以下两点：

第一，确保译文保存原诗的诗体形式。诗体形式包括定型形式与非定型形式。前者对字数、平仄、行数、韵式等具有比较严格的要求，可以反映独特的民族文化特点；后者所呈现的外在形式表现了诗情的流动性。从这一层面来看，译文应将原文所包含的文化特性与诗学表现功能传递出来。

第二，确保译文保持诗歌分行的艺术形式。不同的诗行形式代表了各不相同的诗情流动路径，传达了作者各种各样的表情意图。翻译时，译者应仔细考虑诗歌分行所产生的形式美学意味。

例如：

Farewell, Sweet Grove

Farewell,

Sweet groves to you;

You hills, that highest dwell,

And wanton brooks and solitary rocks,

My dear companions all, and you, my tender flocks!

Farewell, my pipe, and all those pleasing songs, whose moving strains

Delighted once the fairest nymphs that dance upon the plains;

You discontent, whose deep and over deadly smart,

Have, without pity, broke the truest heart;

Sighs, tears, and every sad annoy,

That rest did with me dwell,

And all other joy

Farewell!

Adieu.

Fair shepherdesses;

Let garlands of sad yew

Adom your dainty golden tresses

I, that loved you, and often with my quill

Made music that delighted fountain, grove, and hill;

I, whom you loved so, and with a sweet and chaste embrace.

(Tea, with a thousand rarer favours) would vouchsafe to grace,

I, now. must leave you all alone, of love to plain;

And never pipe, nor never sing again.

I must, for evermore, be gone.

And therefore bid I you

And every one,

Adieu.

再见，可爱的林木

再见，

可爱的林木，

高高耸立的山峦；

再见吧一切低幽山谷，

凄清山岩，蜿蜒曲折的溪流，

我的温驯羊群和所有亲密朋友！

再见吧我的芦笛，我的美妙动人的乐曲，
它们曾使舞在田间的绝色女郎欢愉；
不满足呀你的打击最重最致命，
无情地碾碎最最真挚的心；
可我要对别人的得意，
终日伴我的悲叹、眼泪和愁绪
说再见。
再见，
牧羊的娇娃；
悲哀的紫杉枝环
将会装点你娇美金发。
爱过你的我常用羽笔写歌，
让这些树丛这些山山水水欢乐；
你也恋过我，你的拥抱纯洁而又甜蜜。
对，我原会答应给你千百种深情厚谊，
如今却得让你为失去爱而忧伤；
我将永远不再吹笛不再唱，
而且已决心一去不回，
所以我来见你面，
也向每一位
说再见。

在例子中，译者采用了与原诗相同的形式，以求与原诗在形式与意象上做到完全对应。

由于英汉语言存在差异，因此英汉诗歌在形式上也有着较大的差异。在翻译过程中，要想做到面面俱到是不可能的，译者可以根据译文灵活调整。从这个意义上说，形式性翻译在具体的翻译实践过程中使用得并不是特别频繁。汉语诗歌翻译中形式对等的并不是很多。因为汉语诗歌通常是用简单的字来传达丰富的寓意。

2. 阐释性翻译法

在翻译诗歌时，阐释性翻译法是一种常用的翻译方法。阐释性翻译法要求除了要保持原诗的形式，还强调保留原诗的意境美与音韵美。在意境美方面，要求译诗与原诗一样可以打动读者。

意境美的传达通常涉及以下几点：

（1）再现原诗的物境，即诗作中出现的人、物、景、事；

（2）保持与原诗相同的情境，即诗人所传递的情感；

（3）体现原诗的意境，即原诗作者的思想、意志、情趣；

（4）确保译文读者获得与原文读者相同的象境，即读者根据诗作的"实境"在头脑中产生的想象与联想之"虚境"。

在音韵美方面，要求译作忠实地传递原作的音韵、节奏以及格律等所体现的美感，确保译文富有节奏感，且押韵、动听。在采用阐释性翻译方法时，译者要注意语言与文化方面的问题，译者应尽可能地在新的语言中重新创作与原文基本对等的作品。

3.调整性翻译法

调整性翻译是在直译的基础上对结构进行一定的调整，从而准确地传递原文的思想，同时符合汉语的表达习惯。调整性翻译法是介于形式性翻译法与阐释性翻译法之间的一种翻译方法。

4.模仿性翻译法

模仿性翻译指的是译者从原诗的形式或思想出发，使用目的语对原诗进行再创造。严格来讲，这很难说是一种翻译。读者在阅读这类作品时，与其说喜欢原作，不如说是喜欢译作。根据西方学者的观点，它其实是一种"杂交"的形式，既不是原诗，也不是翻译，但是有其存在的价值。这种翻译对译者具有极高的要求，因此在翻译实践中使用较少。

《鲁拜集》的英译本中有一节如下所示：

The ball no question makes of Ayes and Noes,

But Here or There as strikes the Player goes;

And He that toss'd you down into the Field,

He knows about it all — He knows — HE KNOWS!

这节诗中的足球运动在原文中其实是一种马球游戏，在翻译时译者转换了原诗的意象。在译为中文时，译者将这一意象转换为围棋："眼看乾坤一局棋，满枰黑白子离离。铿然一声成何劫，唯有苍苍妙手知。"不难看出，汉语译文在形式与意象上与原文极为不同。译者称这一翻译方法为"衍译"。严格来讲，这是借用别人的思想进行的一种再创造，不是翻译。

三、散文的翻译

（一）散文翻译的原则

散文又称"美文"，其文之美，美在语言，美在意境。前者"质实"便于分析和把握，后者"空灵"能够建构和想象。由"质实"走向"空灵"是审美层次的提升，由"空灵"返照"质实"是审美意蕴的丰富与拓展。两者互相浸染，彼此影响，共同体现了散文的艺术神韵。在散文翻译实践中，再现散文的艺术神韵要遵循以下原则。

1.声响与节奏

散文的声响与节奏往往是内在的，不像诗歌那么明显，那么规则，那么富有音乐性，但其声响与节奏不是散乱无序、毫无审美目的性的。相反，它们有效地表征着作者在行文中律动的情感，应和着其间特有的情趣，而且显得更为灵活、自然，更为客观、真实。在这方面，前人早有中肯之论。在散文翻译中，一方面要认识到散文声响与节奏的重要价值与意义；另一方面，若要再现原文的神韵，译者可以从行文文字的"抑扬高下、回环映衬的声响"中充分体验其间所蕴含的情趣，可以从"句子的长短整散、语速的快慢急徐"中充分感悟其间的律动和情感。

2.个性化的话语方式

散文是"个人文学的尖端"。散文是主观的，以自我扩张、表现自我为目的，散文家不管写什么，他都永远在夫子自道。夫子自道的方式体现出作者个性化的话语方式，与其他文学样式相比，这一点在散文中显得最为突出，也最为真实。不同作者的话语方式各不相同，也随之带来了不同的行文风格。培根的简古，欧文的华美，正是各自不同话语方式的归结。个性化的话语方式既体现在作者选词造句、谋篇布局等较为客观的层面，又体现在作者思想情操与审美志趣等较为主观的层面。把握作者的个性化话语方式可以从作者的某一具体篇章着手进行分析，还可以从作者的文集，有时甚至可以从其所具有的文学趣味中来进行审视。

3.情趣的统一性

"形散而神不散"是人们常用来衡量散文作品的标尺。所谓"形散",是就散文的结构和语言而言的。所谓"神不散",是指"散文内在的凝聚力,即情趣的统一性"。内在的统一可以使外在的不统一化为统一。散文情趣的统一性体现在丰富多样的语言表意方式及其结构上,也体现在作者创造的形象或情景中,其实现过程是一个由表及里、由实到虚、逐层推进、不断升华的过程。

在翻译实践中,从原文情趣的统一性出发对译文的选词用字、谋篇布局等进行审美重构,有利于保存与再现原文整体审美倾向性,从而使译文获得和原文类似的审美韵味。

(二)散文翻译的注意事项

真挚地传情达意、状物叙事是散文创作的精髓。散文抒写最多的往往是作者的亲身经历、所见所闻、所感所触。对散文进行充分、细致的解读,把散文的内容之美以恰当的方式传达给读者,是散文译者的重要任务。要想准确再现散文之意,译者不仅需要关注单个字词的意义、语音、拼写等细节,还要反复体会、挖掘散文句子、语篇的主题意义等多个方面的内涵,并为传达这种美而在选词用字、造句谋篇上精心锤炼,翻译出用词贴切、行文流畅、文意贯通的译文。

首先,在选词方面,为了传达原文字词所蕴含的各个层面的意义,译者应结合具体语境,着眼于散文整体意蕴的营造以进行选择,而不是把词语孤立于语境之外,盲目追求语义层面的等值。译者必须认真辨别单个词语所承载的概念意义之外的其他信息(如语用信息、文本信息、文化信息等),才能结合语境选择恰当的词语,使译文与原文达到相互呼应、文通字顺的效果。

其次,要准确传达散文之意,除字词方面的推敲和锤炼外,句子以及语篇层面同样需要根据汉英两种语言的不同特点有所调整。在句式调整方面,汉语意合到英语形合的转变对重构散文之意至关重要,而从译文语篇衔接与连贯方面进行译文设计则是实现散文文意贯通的重要手段。

最后,字词选用和衔接手段方面的考虑都属于语篇表层结构的构建,构成了语篇的有形网络。而除了有形的词汇和语法手段,语篇的连贯问题也是散文译者需要特别注意的。语篇的无形网络——逻辑内涵,也是译文是否文意贯通的重要衡量尺度。要想完整、准确地再现原文之意,译者需要增强语篇意识,注重从整体上把握原作,深入理解原文的逻辑内涵,并以恰当的方式在译文中进行呈现。在这一过程中,逻辑推理能力强、有经验的译者甚至会对原文的整体结构进行大幅度的调整或改动，如段落重组等，在不违背原作整体风貌的前提下，充分发挥译者的能动性，为得出最佳译文付出种种努力。

四、小说的翻译

（一）小说翻译的原则

1.风格再现原则

有学者将"风格"解释为："具有某一团体、时期、个人或性格特征的，在写作或讲话中为表达清晰、有效以及悦耳目的的，通过选择和安排适当的词语来表达思想的方式。"可见，风格既是作品所特有的一种艺术格调，又是通过内容与形式结合而呈现出来的一种思想倾向。

小说的风格通常与小说的功能、写作意图息息相关。每部小说都有自己的风格，每位小说家也有各自的风格，或活泼，或严肃，或幽默，或辛辣，无论哪种风格，都需要通过措辞、情节表现出来。在小说翻译过程中，译者应遵循风格再现原则。也就是说，译者除了要在语言层面考虑忠实度问题，还应在风格上做到与原文对等，从而最大程度地还原原文。奈达认为，翻译真正需要的是提供这样一种译文：它可以使译文读者领略到读原著所能领略到的东西。虽然译者在译文风格方面不能做到完全统一，但是应尽可能地避免自身风格的影响，从而保留作者期望达到的艺术功能与特殊效果。

要再现原作的风格，译者首先应了解作者的个人信息、创作意图和小说的创作背景等。在此基础上认真通读小说，掌握小说的大概内容，把握小说的语言风格，然后再动笔翻译。翻译时，译者必须字斟句酌，保证译文准确、恰当，从而尽可能地还原原文风格与艺术效果。

2.注重塑造人物原则

在小说中，作者很重视对人物的刻画，所以小说中有了各种特点鲜明的人物形象，如浓施粉黛的大家闺秀、秀色可餐的小家碧玉、英勇伟岸的时代豪杰、平平无奇的市井人物等。在塑造类型各异的人物时，作者会采取风格各异的语言，展现小说人物的精神状态，揭示其内心世界。小说翻译要求译者注重对人物的塑造。

翻译实际上是两种语言之间的形象转换。英汉两种语言属于不同的语言体系，中西文化也存在较大差异，中西方人的思维方式不尽相同，要以一种完全不同的语言再现另一种语言创造的艺术并非易事。奈达提出了"动态对等"的翻译原则，使源语和目的语之间实现最贴切、最自然的对等。该原则的核心是在译语中找出恰当的表达手段，并采用最自然的方式传递出与原作对等的信息。

翻译等值概念可以使小说人物的塑造走向两个极端——直译与意译，从而获得更新、更全面的等值翻译。在翻译时，译者应对原作中的人物予以关注，用心选词，选取合适的表达方式，使读者通过译文也能对人物形成深刻、鲜明的印象，获得与读原文相同的阅读效果。

3.还原语境原则

语境即语言环境，也就是用语言进行交际的具体场合。小说的语境均是特定语言创设的语境。在小说翻译中，译者还应注意语境的翻译，尽可能地还原原文的语境。译者清楚作为符号的语言与具体语境之间的关系，对传递正确的信息十分重要。若译者不考虑语境，译文将难以忠实于原作的风格，也不能准确传递出原作的信息。

由于英汉两种语言存在很多差异，因此要获得完全相同的表达效果几乎是不可能的。在对小说进行翻译时，译者应充分利用自己掌握的语言知识，注重语境对文章表达的作用，最大限度地表达原文的信息。

小说通常是在语境中生成意义的，这种语境可能涉及诸多方面，如政治、经济、文化等，这些方面可以帮助作品建立起框架，进而体现作者的创作意图与思想。可见，小说翻译实际上是不同文化语境之间的碰撞与交流的过程。所以，翻译小说时，译者要在转换语言的同时对原文的文化语境进行具体、深入的分析，然后使用恰当的词语和表达方式，达到还原原文语境的效果。

（二）小说翻译的注意事项

小说是叙事的艺术，其主要的语言表达方式就是叙事，所以小说文本的结构方式在这个意义上可以看作小说叙事语言的组织方式，也就是小说的叙事方式。作为话语体式和结构方式，翻译小说文体的文化阐释涉及以下三个方面：

一是译文是译者在原文文体的基础上再创造的产物，它的形成与译者的文化心态和翻译态度有关。

二是译文虽然是译者创造的产物，但也与接受者相关，因为文本的接受必须引入读者文学交流才能完成。

三是翻译小说文体的创造与接受总是在一定的历史文化环境中,也就是在一定的翻译场中进行的。

译者在了解了英文小说的文体特征之后,还要具备一定的翻译理论,掌握一些翻译方法,通过大量的阅读和翻译实践,才能把小说翻译好。

首先,小说反映的是广阔的社会现实,因此翻译小说必须具有宽广的知识面,有较为丰富的英语民族以及汉语民族的社会文化知识,如历史、地理、文学、政治、宗教、体育、风俗等,这对准确理解原著起着十分重要的作用。

其次,译者必须具备一定的文学鉴赏能力,对原文有自己的认识。

最后,译者必须对目的语驾轻就熟,有较强的母语表达能力。

译者应在遣词造句上下功夫,正确运用翻译技巧,以保证行文连贯、流畅。同时,译者还应深入分析原作的语言风格,例如,原作的语言风格是正式的还是非正式的,是高雅的还是粗俗的,是口语化的还是书卷气十足的。

五、戏剧的翻译

(一)戏剧翻译的原则

1.可理解性

由于表演的需要,戏剧语言的可理解性与其他文学作品的语言相比有明显的差异。在表演中,剧中人物的很多台词都是一闪而过,观众是没有时间去琢磨演员所说台词的具体意思的,这也就要求戏剧语言能够很容易被观众所理解,也意味着戏剧剧本的译文要具有可理解性。因此,在翻译过程中,在目的语文本中应该尽量避免使用一些比较模糊的或者平时很少用到的词汇或短语。

2.口语化

所谓口语化,就是指戏剧剧本的语言应该适合口语表达。在剧院里,一部戏剧就是被演员的语言和动作赋予生命的。判断一部戏剧的翻译是否成功,要看译文的语言是否口语化,是否适合演员表达。因此,在翻译过程中应该尽量避免使用比较难读的词汇与晦涩难懂的句子。

3.简洁性

语言简洁是很多戏剧作家在创作剧本时都坚持的一个重要原则。译者在翻译戏剧作品时，也应注意语言的简洁性。对于剧本翻译而言，运用比较简单、简短的语言表达相同的意思，会使戏剧具有更好的表演效果。

4.语言的动作性

在戏剧表演中，演员除了可以通过对话来表现人物，还能借助适当的肢体语言表现戏剧中人物的内心活动。因此，语言的动作性是一部优秀的戏剧作品所必须具备的。人物语言具有动作性是指从个性化的语言中，"看"出其相应的特定动作、行为意图、心理意图、心理状态和情感流动，并与人物语言的个性化因素协调统一，形成有机的暗示信息—艺术景象的基调，以便创造出生动、突出的舞台艺术景象。

据此，译者在翻译剧本时应选用动作化的语言，使目的语读者在译本中可以体味到原剧本的动作，并且能够通过语言把人物的内心活动生动地展现在观众眼前。

5.语言的节奏感

剧本是为了满足舞台表演的需要而创作的，剧作家在创作剧本时，会更加注重人物语言的节奏感。节奏感较强的语言不仅有利于演员充分地表现人物，而且更容易使观众产生强烈的共鸣。因此在翻译过程中，译者要使两种不同的语言体系完全转换过来，虽然很难，但是为了演员表演的生动性，必须使语言具有节奏感，并尽力体现语言的音乐美。

（二）戏剧翻译的常用方法

戏剧兼具阅读性和可表现性，因此戏剧翻译不但要通顺、达意、便于阅读，还要易于表演，而且戏剧本身所承载的文化内涵以及灵活的表达方式也给了译者很大的发挥空间。可见，戏剧翻译具有很大的难度，需要译者在充分了解戏剧本质以及特征的基础上采用灵活的翻译方法，创造性地进行翻译。

1.直译法

直译法是一种最为简单有效的翻译方法，这种方法适用于源语与目的语在语义、结构、功能等方面重合的情况。在不引起误解的情况下，就可以按照原文的字面含义和语序进行翻译，以体现原文的形式，传达原文的含义。

例如：

Though yet of Hamlet our dear brother's death

The memory be green, and that it us befitted

To bear our hearts in grief and our whole kingdom

To be contracted in one brow of woe,

Yet so far hath discretion fought with nature

That we with wisest sorrow think on him

Together with remembrance of ourselves.

Therefore our sometime sister, now our queen,

Th' imperial jointress to this warlike state,

Have we, as there with a defeated joy,

With an auspicious and a dropping eye,

With mirth in funeral and with dirge in marriage,

In equal scale weighing delight and dole,

Taken to wife. Nor have we herein barred

Your better wisdoms, which have freely gone

With this affair along. For all, our thanks.

至亲的先兄哈姆雷特驾崩未久，

记忆犹新，大家固然是应当

哀戚于心，应该让全国上下

愁眉不展，共结成一片哀容，

然而理智和感情交战的结果，

我们就一边用适当的哀思悼念他，

一边也不忘记我们自己的本分。

因此，仿佛抱苦中作乐的心情，

仿佛一只眼含笑，一只眼流泪，

仿佛使殡丧同喜庆歌哭相和，

使悲喜成半斤八两，彼此相应，

我已同昔日的长嫂，当今的新后，

承袭我邦家大业的先王德配，

结为夫妇；事先也多方听取了

各位的高见，多承一致拥护，

一切顺利；为此，特申谢意。

上文选自戏剧《哈姆雷特》第一幕第二场，描述的是哈姆雷特的叔父克罗迪斯在登基大典上的演说词。在翻译这段演说词时，应尽量保持原文的句法和语序，因为文字的顺序对于反映剧中人物的形象和性格起着关键的作用。剧中克罗迪斯对于演说词的遣词造句下了很大的功夫，以掩饰自己真正想要传达的意思。例如，从第 8 行 Therefore 开始，本来是一句简单句，却使用了倒装句，还增添了同位语、修饰语等，而且用了 6 行多文字才表达清楚。这样的结构和逻辑正好与克罗迪斯现在身为国王的身份相符合，而且语气显得十分庄重。针对这一点的翻译，译者最大限度地保留了原文的语序、句法特点和文体风格，而且文字与原文紧紧相扣，恰如其分地将克罗迪斯外表的威严和内心的惭愧表达了出来。

2. 归化法

归化法是指采用符合目的语文化传统和语言习惯的概念进行翻译，以实现功能对等或动态对等。上文提到，戏剧具有口语化特征，但口语化与诗意并不矛盾，有些原剧本中具有诗意的语言对于本族人而言读来朗朗上口，具有口语化特征。在翻译时，需要尽量采用目的语读者喜闻乐见的语言，使台词符合目的语文化的口语规范，少一些书卷气，多一些通俗性。

例如：

What, shall this speech be spoke for our excuse? Or shall we on without an apology?

译文 1：怎么！我们就用这一番话作为我们的进身之阶呢，还是就这么昂然直入，不说一句道歉的话？

译文 2：就用方才那段话作借口进门呢，还是一句话不说就进去呢？

一般戏剧对话中较少使用文绉绉的语言，而在上述翻译中，译文 1 中出现了"进身之阶""昂然直入"这样的四字结构，显得书卷气很重，而且也给读者的理解带来了困难。相比之下，译文 2 则平实朴素，而且也很好地表达了原文的意思，同时也不失诗的韵律感和结构感。

3. 拆译法

所谓拆译法，就是"拆长化短"，也就是为了使译文符合汉语的表达习惯，更加清晰地表达原文的含义，而在翻译的过程中调整原文结构，将某个成分单独分离出来，译成一个独立成分。译者在翻译戏剧中的个性化语言时常会采用这种方法。戏剧语言有着鲜明的个性化特点，而且体现着人物的性格和内心活动，因此在翻译时也要将这种个性化特点体现出来,以传神地再现原文,同时使译文符合目的语的表达习惯。

例如:

Sampson: Gregory, o' my word, we'll not carry coals.

Gregory: No, for then we should be colliers.

Sampson: I mean, and we be in choler, we'll draw.

Gregory: Ay, while you live, draw your neck out o' the collar.

译文1:

桑普森:葛雷古利,咱们可真的不能让人家当作苦力一样欺负。

葛雷古利:对了,咱们不是可以随便给人欺负的。

桑普森:我说,咱们要是发起脾气来,就会拔刀子动武。

葛雷古利:对了,你可不要把脖子缩进领口里去。

译文2:

洒嵩:喂,力高,我就这一句话,不栽这个跟斗!

力高:自然,我们又不是倒霉蛋,受这种气?

洒嵩:对,不受气,惹起我们的火,我们就打。

力高:(开玩笑)嗯,要打,你有一口气就把你的脖子伸出来挨!别缩着。

以上是《罗密欧与朱丽叶》第一幕第一场中的片段,是凯布家的两个家仆的对话。莎士比亚用谐谑俚俗的语言将洒嵩和力高这两个人物的形象生动地刻画了出来,他们的那种油腔滑调以及粗俗的对话既让读者了解到凯布和猛泰两个家族之间的冲突,也让读者感受到他们各自的鲜明个性。

比较上述两段译文可以看出,译文2语言地道,行文流畅,没有丝毫斧凿痕迹,将两个仆人的性格以及身份准确地描绘了出来。具体来说,译文2准确地把握住了原文的神韵,而且在翻译方法上也做了灵活的处理。例如,"No, for then we should be colliers."本是陈述句,译文2却将其进行了拆分,变成了反诘句,生动地体现了人物的性格。相比之下,译文1虽然忠实于原文,但过于平淡,并没有通过生活化的语言来展现人物的鲜明个性。例如,第一句"Gregory, o' my word, we'll not carry coals."译文1翻译成了长句:"葛雷古利,咱们可真的不能让人家当作苦力一样欺负。"这样的翻译虽然容易理解,但却平淡如水。而译文2将长句拆分成短句,更加铿锵有力,并且突出了小人物的鲜明个性。

4. 省译法

所谓省译法，就是在不损害原文内容的情况下，适当地删减某些词语或成分，以使译文更加简洁，符合目的语的表达习惯。戏剧是在舞台上表演的艺术，在翻译过程中不仅要考虑语言问题，还要兼顾舞台效果，而这对于译者而言是一个很大的挑战。通常，戏剧语言有着明显的审美性特点，对此译文语言也应该体现出戏剧语言"音义双美"的特点，使台词朗朗上口。此时，就可以恰当地使用省译法，即对原文中较长的语言进行简化处理，以使译文更具韵味。

（1）An hour before the worship'd sun Peer'd forth the golden window of the east.

译文1：在尊严的太阳开始从东方的黄金窗里探出头来的一小时以前。

译文2：当这东方的太阳还没有从黄金的窗子探出头来。

（2）Should in the farthest east begin to draw. The shady curtains from Aurora's bed…

译文1：可是一等到鼓舞众生的太阳在东方的天边开始揭起黎明女神床上灰黑色的帐幕的时候……

译文2：当这快乐的阳光刚刚揭起黑暗的幔帐……

对比上述翻译中的译文，译文1可以说忠实地翻译了原文，但读起来却十分拗口，而且也不轻松。译文2采用了省译的方法，在准确传达原文内涵的基础上，对原文进行简化处理，译文读起来简洁明快、朗朗上口，这样演员在表演时才能取得更好的舞台效果。

第二节 新闻文体的翻译

一、新闻文体的定义和特点

（一）新闻文体的定义

简单来说，新闻就是以报刊、广播、电视等大众传播工具为依托，向公众传播信息的一种文体。由于文化、价值观念和意识形态存在差异，人们的观察视角和侧重点不同，对新闻的界定也是多种多样的。在西方国家，新闻被定义为 matter that is newsworthy（具有新闻价值的内容）；material reported in a newspaper or news periodical or on a newscast（在报纸、新闻期刊或新闻广播中报道的材料）；a report of recent events（最近事件的报道）。

所谓新闻文体就是在新闻里用的文体。新闻在英国、美国等国家通常按照其纪实性被分为硬新闻（hard news）和软新闻（soft news）。硬新闻分为深度报道（in-depth reporting）、新闻报道（straight news）和简讯（news brief），软新闻包括特写（feature）和评论（comment）。在汉语里，新闻涵盖了深度报道、通讯、消息、新闻特写等。

（二）新闻文体的特点

1.语言大众化

新闻有很广泛的受众，从各阶层的百姓到各领域的学者都是新闻的消费者。新闻为了满足广大消费者的需求，通常会采用比较大众化的通俗语言，缩小读者与新闻的距离，迎合大部分读者的口味，让新闻读起来更加亲切。新闻语言的大众化主要体现在俚俗语和口语的使用上。

例如：

Despite the progress China has made in reducing poverty and increasing life expectancy and literacy, rural citizens in China still have less access to basic public services than city dwellers, the U.N. Development Program said.

联合国开发计划署称，在减少贫困、提高人口平均寿命和读写能力等方面，中国取得了很大进步。不过，与城市居民相比，为农村居民提供的基本公共服务还是较少。

在这个新闻里，新闻的创作者用了口语 rural citizens（农村居民）来对应 city dwellers（城市居住者），从而使新闻更贴近广大群众，也使读者更容易接受和理解。

2.语言简洁

新闻通常是使用最少的时间和最小的版面让大众得到最多的信息，英语和汉语里新闻语言都要尽可能地简洁，做到言简意赅，简明扼要，力求用较少的文字展现丰富多彩的内容。在英语和汉语的新闻标题上，这一点都有非常明显的体现。

（1）英语和汉语新闻喜欢用短词使文字更加简练。

例如：

Pay jump for power workers

Power workers will receive pay rises worth up to 27 per cent over three years in a move designed to end the electricity crisis that has dogged the Queensland Government.

电力工人工资将增加

旨在解决昆士兰州政府电力危机的行动将使电力工人的工资在三年间提高27%。

（2）为了简洁，汉语新闻倾向于使用缩略语和简称。

例如：

越南禽流感疫情严重，向世卫组织和国际社会求援。

Bird flu prevailing, Vietnam asks for help of WHO and international society.

除此之外，在句式结构上英语和汉语新闻都力求简洁。为了实现这样的目标，英语新闻总是会采用不定式短语、名词短语、介词短语、分词短语之类的短语来替代从句，使新闻的叙述更清晰，让句子的结构更加简单明了，也让新闻接收者的思路变得更加清晰。这样，新闻就可以在短时间内被受众接受。

3. 用词新颖、灵活

新闻以吸引群众的目光为目的，可以让群众了解国内外发生的最新事件。出于吸引目光和宣传的需要，新闻在用词上追求标新立异、别致。借用地名、建筑名以及其他领域的一些术语，是新闻用词灵活、新颖的一个重要体现。除此之外，新闻的用词灵活、新颖还体现在一些新词的使用上。

无论是在汉语新闻还是在英语新闻中，我们都可以看到一些地名或者建筑名被用来借指一些国家的政府或者机构。例如，在英语新闻和汉语新闻里，白宫（White House）经常用来代指美国政府，五角大楼（Pentagon）常用来代指美国国防部。又如，美国首都华盛顿（Washington）用来代指美国政府，中国首都北京（Beijing）用来代指中国政府。

例如：

手机为钱包"减负"，"钱包手机"应运而生。

Mobile phones aim to take load off wallets.

句中"减负"一般是经济用词，在这个例子里被用来生动地体现手机已经开始慢慢替代钱包的某些功能。

新闻词汇求新的另一个途径是使用新词。由于新闻的性质，它对社会生活中出现的新事物、新变化以及科学技术的新成果、新理论总是最为敏感的，并以最快的速度加以传播，这也导致新闻中新词语的频繁出现。

4. 善用修辞

为了让新闻报道更生动，汉语和英语的新闻都特别擅长使用修辞手法，通过妙趣横生、浅显生动的语言解释或描述部分读者觉得晦涩难懂的术语和名词，让新闻在不失真实性的同时帮助读者获得知识。

例如：

《蒙娜丽莎》日显苍老，"整容手术"迫在眉睫

巴黎卢浮宫博物馆馆长说，《蒙娜丽莎》的芳容正日益呈现出"老态"，同时他还宣布要对这幅有着 500 年历史的名画进行科学研究。

Ageing *Mona Lisa* worries Louvre

The *Mona Lisa* is showing her age, the museum curator in Paris said while announcing a scientific study of the 500-year-old masterpiece.

例子运用了拟人的手法，把《蒙娜丽莎》这幅画像的破损说成画像人物的芳容呈现"老态"，把画像的修补术比喻为"整容手术"，从而使新闻的叙述更加浅显、生动，更容易被读者接受。

5. 英语新闻中时态的活用

英语新闻为了给读者一种现实感和及时感，经常用一般现在时表示过去。这种时态的活用在新闻的标题里出现的频率非常高。

例如：

Astronomers Find "Ho" Vortex on Saturn.

Astronomers using a giant telescope atop a volcano have discovered a hot spot at the tip of Saturn's south pole.

土星上发现"温暖"的极地涡流

天文学家们使用巨型望远镜在一座火山顶上观测太空，结果发现土星南极顶端有一个"热点"。

同时，在英语新闻的标题中，时常用现在时表示将要发生的事情。

例如：

Stars rock Bangkok for tsunami relief

World entertainment giant, MTV Asia, will hold a star-studded concert today (Thursday) to raise money for the tsunami relief effort.

众星云集曼谷，为海啸赈灾

世界娱乐界巨头亚洲音乐电视将在今天（星期四）举行一场众星云集的音乐会，以筹集资金，为海啸赈灾出力。

二、新闻文体的翻译要点

（一）新闻文体标题的翻译要点

1.灵活采用直译与意译

在翻译时到底是采用直译还是意译，译者要灵活处理，该直译的就直译，该意译的就意译。英语新闻标题的翻译应在准确理解原文的基础上准确翻译。如果英语标题的含义明确，译成汉语以后，中国读者不会在理解的时候出现问题，一般会选择直译法。

例如，"Ugly Duckling N-Ship at Last Gets Happy Home"可翻译为"丑小鸭核动力船终于找到安乐窝"，这个标题采用了直译的手法，译文言简意赅，主题鲜明。安徒生童话中的"丑小鸭"已经成了"在承受了许多的艰难困苦之后最终得到想要的幸福"的代名词。在这个标题下的报道其实是在说某一个国家仅有的一艘核动力船，因为很多国家担心它会造成核污染，所以不许它靠岸，它只好在大海上到处漂泊，最后在经历了种种的艰难和曲折之后，这艘船终于可以靠岸了，它得到批准最终在一个港口停泊了下来。原文的标题用一种近似调侃的语气非常灵活地把那艘使用核动力的船比喻成 ugly duckling，最后还把这艘船停靠的港口比喻成 happy home（安乐窝），因为中国读者对"丑小鸭"并不陌生，所以译者非常大胆地运用直译手法，使读者一眼就能明白报道所要表达的内容，而且使标题里包含的新闻信息显得更加生动、鲜明。

但是，英语的新闻标题在很多情况下是有非常鲜明的特色的，若完全对其进行直译，通常会影响它的表达效果。

例如：

（1）Olympics Begin in Style; Swimmer Takes 1st Gold

奥运盛大开幕，泳将喜夺首金

（2）Looking Back to Look Ahead

回首往昔，展望未来

上面的两个标题全部都采取了意译和直译相结合的方法，使译文非常流畅和自然。它们不只带有一般的汉语新闻标题中最典型的特征，还十分准确地表现出标题本来要表达的意思，文采斐然，对仗工整。但若完全用直译的方法，那么例（2）的标题就要译成"回首往昔以展望未来"或"为了展望未来而回首往昔"，这样的译文产生的阅读效果会大打折扣。

2.灵活处理原文中的修辞

为了吸引人们阅读，新闻标题通常会采用各种各样的修辞手法。译者在对文章进行翻译时，要尽量表现原文里的修辞手法，让译文和原文更加贴合。

例如：

（1）After the Boom, Everything is Glooming

繁荣不再，萧条即来

这个新闻标题使用了押韵的手法，给新闻标题增添了很多乐趣，使它更加生动，而且朗朗上口。其中的 Boom 和 Glooming 组成了尾韵，在汉语的译文里，译者非常聪明地通过"再"和"来"这两个字，达到一种很好的押韵效果，也使译文便于诵读，生动明白。

（2）Soccer Kicks off with Violence

足球开踢，拳打脚踢

这个标题在翻译的时候使用了双关的修辞手法。双关语的运用通常能取得幽默的效果。通常在足球比赛中 kick off 的意思是"开球"，与 violence 的意思一致，这样人的脑海里立马会出现一幅拳打脚踢的画面，使人回味无穷。"双方比赛一开球就打起来了"，译者正是在这样的理解的基础上，把这个题目翻译成"足球开踢，拳打脚踢"。使用双关的手法既使译文更通顺，又起到了幽默的效果。

（3）Japanese Dash to US to Say "I Do"

日本的未婚夫妇冲进美国，在牧师面前发誓说"我愿意"

这条新闻运用了隐喻的手法，以"I do"替代"get married"。因为主持婚礼的牧师一般会问"Do you take to be his/her lawful wedded wife/husband to live together in the estate of matrimony?"等问题，如果双方回答"I do"（我愿意），牧师即证实这两人正式成为夫妻。因此，"I do"成为大多数英语国家在教堂举办婚礼的代名词。在原翻译内容中加入"未婚夫妇"和"牧师"等词比把原标题译成"日本人涌往美国说'我愿意'"效果更理想，并且译文也比原文更容易理解。

3.灵活添加注释

由于中西方文化不同,其思维方式也存在很多差异。译者在翻译的过程中不仅应该考虑到不同地区文化的差别,也要考虑到不同读者阅读心理的差异,所以译者应该对读者不了解的文化背景知识、信息和表达方式进行一定的解释,再加上必要的逻辑主语、人物的国籍、消息的发生时间和地点等。

例如:

Lewis, Xie Voted World's Top Two

路(易斯)、谢(军)成功当选为世界十佳(运动员)前两名

在上面的例子中,括号部分补充了相关新闻人物的实际情况,并且在逻辑上或语义上使信息更完整,括号中补充的内容补全了信息,同时又通俗易懂。可见,在标题翻译过程中,通过恰当的注释进行补充,是有一定的必要性的。

4.套用中外诗词名句

汉语和英语中都有朗朗上口的名言警句和流传后世的诗词歌句,在翻译过程中可适当地借用、套用人们在日常生活中常见的诗词或名言警句,能在英汉翻译中增强语言的亲切感。

例如:

Singaporean Film Star Gives Part of Liver to Save Dying Lover

若为爱情故,肝脏也可抛

在上面的例子中,标题的翻译恰当地借用了读者熟悉的名言,使读者有亲切感和熟悉感。翻译模仿了匈牙利诗人裴多菲的"若为自由故,两者皆可抛"这一名句,引出了一个令人感动的爱情故事,在一定程度上增强了原标题的表达效果。

(二)新闻文体导语的翻译方法

导语是对全篇新闻内容的概括,也是新闻的精髓,可以直接作为一则浓缩的微型新闻。导语不仅能概括新闻的重要内容,简洁直白,开门见山,让人一目了然,还能清楚地告诉读者时间、地点、人物、事件以及事件发生的原因、经过和最终结果等。因此,新闻导语要用简洁的文字写出消息中最重要的事实,提纲挈领,牵引全文。导语是一篇报道能否吸引受众和获得成功的关键,是体现新闻价值的重要部分。英语新闻导语有不同的分类,下面我们就根据这些分类介绍导语的具体翻译方法。

1. 硬新闻导语和软新闻导语的翻译

（1）硬新闻导语的翻译

硬新闻导语是指开门见山地列出新闻要素的导语，其特点是更倾向程式性叙述。英文硬新闻导语在写作手法上突出写实，用词凝练，笔法简约，很少运用感情色彩强烈的词句。所以，对于英文硬新闻导语的翻译，我们一般采用直译的方法。为符合汉语的表达习惯，也可在不影响内容的前提下适当调整语序。

Three Chinese students are confirmed killed in early Monday's deadly fire at a Moscow university, according to latest information from the Chinese Embassy in Moscow.

据中国驻莫斯科大使馆最新报道，莫斯科的一所大学已确认有 3 名中国留学生在周一上午发生的一场来势汹汹的大火中丧命。

这则硬新闻导语基本上采用了直译的方法，虽然导语仅 25 个单词，却将事件何时发生、发生地点、事件的结果以及消息的来源等说得明明白白。

（2）软新闻导语的翻译

英文软新闻导语与硬新闻导语相比更加含蓄，具有文学性，表达方式更为委婉，多用藏头露尾的方式。软新闻导语形式多样，写作手法灵活，因此在翻译时，可采用带有文学色彩的手法进行翻译，以保留原文的文学风格。

例如：

Motherhood and apple pie are still fine, but the thing many Americans relish most these days is owning their own homes. Two in three homes are owned by their occupants, and the lowest mortgage rates in three decades keep the numbers rising. But this does not suit everybody.

母爱依旧浓，苹果派的味道依旧美，但是现在很多美国人津津乐道的事情是拥有自己的房子。三分之二的房屋由居住者所有，而 30 年来最低的抵押贷款利率使这一比例继续上升。但这并不适合所有人。

这则软新闻导语没有硬新闻导语常见的几大要素，采用直译的手法，并且带有一定的感情色彩，能够更好地表达作者的情感，构思巧妙。第一句对母亲和苹果派这两个词语的温情描写渲染了柔和的气氛，最后引出新闻的事实，切入正题。

2. 原因导语和方式导语的翻译

英语导语中强调原因和方式的时候，把原因导语的重心 why（为什么）和方式导语的重心 how（怎样）放在句首，把主语放在后面。在汉语表达中，一般把人或事放在首位，因此在翻译时需要注意拆分和倒译。

例如：

Trying to pass another car while traveling at high speed brought serious injury to two men last night when their automobile overturned twice on Washington boulevard at Potter Avenue.

昨天夜晚，在波特大街的华盛顿大道口，两名男子驾驶高速行驶的汽车想要超过另一辆车时车辆翻滚两圈，两人受伤严重。

上面的例子开头没有主语，如果顺着翻译，就会使译文语句不通顺，读者不明白什么意思。如果将例子拆分重组，就通顺多了。需要注意的是，翻译要根据英语翻译的原理，分情况进行翻译，不能乱译。如果句子较长，翻译不能遗漏某一部分，要使句子表达完整。

3.概括性导语和事实性导语的翻译

概括性导语是撰写硬新闻常用的形式，它用高度概括的语言，将整篇新闻中最新鲜、最重要或最有趣的事实简要地告诉读者，以引导读者阅读并抓住要领。事实性导语集中叙述新闻中主要事实的某一部分、场景或情节，开门见山地引出主要事实。汉语多用短句，句意松散，多使用动词；英语多用长句，句意紧凑，多用名词和介词。因此，这类导语的翻译可运用分拆顺译法，即按顺序拆分，按照相关意思合成几个意群组，省略无实际意义的连词，按照汉语的习惯进行调整，自然排列。

例如：

The director general of the World Health Organization, Mr. Halidan Mabler, yesterday predicted that up to 100 million people worldwide may become infected with the AIDS virus in the next four or five years and that by that time it would cost at least $1.5 billion a year to counteract the disease, when virus may vary as time goes and become harder to control.

世界卫生组织总干事哈夫丹·马勒先生昨天预言，在今后的四五年内全世界将可能有多达1亿人感染艾滋病病毒，届时由于艾滋病病毒有可能随着时间的推移而发生变异，更难控制，每年可能需要投入至少15亿美元来控制它。

在翻译时，可运用拆分顺译法，先找出关联词 that、and、when 等，根据功能将句子重新划分，根据语义把句子划分成不同的意群组，省略一些没有相关意义并且无用的连词，句子的翻译不仅要通畅、简洁，让人一目了然，还要符合汉语表达的顺序和习惯。

4.延缓性导语和引语性导语的翻译

（1）延缓性导语的翻译

延缓性导语不直接体现新闻主题，而是以新颖的表现形式吸引读者，进而展现新闻的核心事件。它采用一种带有文学色彩的写作手法，使导语更生动活泼，进而激发读者的阅读兴趣。

例如：

Under the brilliant, mellow early November sunshine, multicolored chrysanthemums of over 500 varieties rioted in color and beauty at Shanghai's annual floral show opened at the People's Park today.

11月初的阳光明媚灿烂，500多种绚丽多姿的菊花在阳光下争奇斗艳，一年一度的上海菊花展在人民公园开幕。

这个例句成分复杂，有作定语的形容词短语，有作主语的介词短语，还有两个地点状语和一个时间状语。因此，在翻译时要按照汉语的表达习惯，把原文划分为一个个意群，用多个分句来表达。

（2）引语性导语的翻译

引语性导语通常分为完整引语性导语和部分引语性导语。引语性的新闻导语要严格引用直接引语，一般引用新闻中关键人物主要的谈话来增加新闻的真实性，使新闻更准确。在翻译引语时要注意"话外境"，注意用词的直接性、准确性和恰当性。

例如：

"Youth gangs are a serious threat to absolutely everyone in Chicago," says Police Lt. Thomas Hughes, "mainly because they are heavily armed and capable of committing any type of crimes." He estimated there are about 140 youth gangs, in this city, with a total of 3000 to 5000 members. Last year they were responsible for 33 killings and many other crimes.

"青少年流氓集团对每个芝加哥人来说，都是一个严重的威胁，"警察中尉托马斯·休斯说，"这主要是因为这些集团拥有大量武器，它们会干出各种各样的罪恶勾当来。"据这位警官估计，芝加哥市内大约有140个青少年流氓集团，成员总数达3000～5000人。去年，他们犯了33起命案和许多其他罪行。

上述引语是一位警官的总结，他说话时表情严肃，没有语气词，没有俏皮话，翻译时也应该保持这种风格。

（三）新闻文体正文的翻译方法

1.区分主次信息，调整句子结构

区分主次信息，调整句子结构是英译汉的主要手段。具体体现在以下几个方面：

（1）用介词短语作状语传递次要信息

例如：

我们要努力加强宏观经济调控，把握其预见性，集中精力解决经济运行中的主要问题。

We must work hard to make macroeconomic regulation and control more proactive, responsive and effective, with focus on resolving major problems affecting economic performance.

例子中有两个小句，其中第二个小句是主要信息，第一个小句是有关细节内容的，是次要信息。译文将其改译成一个句子，主要信息是句子的主干结构，其他是次要信息，因此用 with 引导的介词短语结构穿插到句子中作状语，使译文句子结构紧凑，表达更地道。

（2）用定语从句传递次要信息

例如：

文化特色和个性是历史文化名城独特和珍贵的标志，历史文化名城间的文化交流与合作将大大地促进城市文化可持续发展和繁荣。

Cultural exchanges among famous historical and cultural cities, whose respective cultural features and individuality are their unique and invaluable symbols, greatly contribute to the sustainable development and prosperity of their culture.

上例中用"whose respective cultural features and individuality are their unique and invaluable symbols"这一定语从句来传递"文化特色和个性是历史文化名城独特和珍贵的标志"这一次要信息。

2.区分实际情况，适当调整语序

在英译汉的过程中，通常可以根据具体情况调整句子的语序，通常有以下几种情况：

（1）调整同位语的位置

例如：

Delicious smell and succulent dishes were matched in brilliance by the Queen's costume, a heavy pink silk crepe dress, embroidered with clusters of peonies — China's national flower — in rose pink jewels, pearls and crystal.

女王身着粉红色重绉丝裙，裙子上是中国国花牡丹的刺绣图案：一簇簇牡丹花盛开在玫瑰红的宝石、珍珠和水晶之中。华丽的衣裙和丰盛的美食可谓是相得益彰。

译文把同位语 China's national flower 提前，将它处理成定语，修饰名词牡丹。此外，译文对其他句子成分的顺序也进行了较大的调整。在译文中，原文中 the Queen's costume 的同位语被处理成为一个独立的句子，由原文的句末移至译文的句首。

（2）调整定语的位置

例如：

This was an intelligently organized and fervent meeting in a packed Town Hall, with Mr. Strong in the chair.

这是一个充满智慧组织的会议，在一个热烈的市政厅里，斯特朗先生是主持会议的人。

如果对原文进行直译，译文就是："这是一场组织精心、热情洋溢的会议，市政厅很拥挤，斯特朗先生是主席。"不但读起来不通畅，而且"会议"前的形容词过多。此外，原文是倾向褒扬的态度，因此"市政厅很拥挤"的翻译也不妥，所以调整位置后的译文更为恰当。

（3）调整状语的位置

例如：

The 50th Guangzhou Trade Fair closes here today with its reputation intact as a bonanza for the traders who first-time come to China and an important market for products from the world's largest nation.

它是第一次来中国做生意的人的一块风水宝地，也是这个人口世界第一的国家推销其产品的一个重要市场，第 50 届广交会今天在此落下了帷幕，保持了昔日的荣誉。

例子中的状语从句是 with 引导的介词短语作状语，向读者介绍了广交会的地位，目的是激发读者的阅读兴趣。这部分信息在原句中位于句子的末尾，但在译文中，这部分信息被一分为二，一部分置于句首，介绍了广交会的地位，为下面的有关报道埋下伏笔。另一部分被置于句末，向读者说明广交会成功举办。这样的译文既通畅又自然，给读者留下了深刻的印象。需要特别指出的是，新闻文体中的 said 一词直接、客观，没有感情色彩，能比较准确地反映说话人的意思。在引语较多的英文新闻稿里，said 也很常见。

一般在直译与"说"有关的字词，特别是在英文翻译中，把英文 said 直接译成"说"字即可。如果是中译英，原文可能会使用不同的表达方式，如"指出""表示"等，翻译时一般也可改译为 said。关于位置，在英文新闻稿中，"说"字可以放在"相关内容"的前面、后面、中间，位置较为灵活。

第三节 应用性文体的翻译

英语中的应用性文体是人们在日常工作和社会生活中为处理公私事务所使用的具有直接使用价值和某种固定程式的惯用文体，一般行文较为简洁。应用性文体是人们交流思想、互通情报、解决问题和处理事务的实用性工具，用途非常广泛，从语言较随便的便条、语言简明的电报等，到语言极其规范的公文、合同、协议等，都属于应用性文体的范畴。

随着国际交往的日益频繁，应用性文体的信息传递和交际功能日益凸显，对新时代的译者也提出了更高的要求。简单来说，译者在翻译应用性文体时应以通俗和达意为翻译原则，以传递信息为核心，做到言辞通达、简明易懂。

一、应用性文体的特点及其作用

应用性文体是应用于生产和生活实际的文体材料，换句话说，应用性文体就是"应"付生活、"用"于实务的文体。英语中的应用性文体历史悠久，其文章体式随着西方政治、经济和社会习俗的变革而不断发生变化，形成了独特的风格。

（一）应用性文体的特点

英语中的应用性文体往往是因事而写，为用而写，有用才写，因而其最大的特点就是"实用"，所以其内容必须"真"。另外，英语中的应用性文体还具有对象明确、时间性强、讲究时效、格式固定、语言得体、文字简约的特点。归结起来，英语中的应用性文体具有以下几个共同特点，即文体的实用性、内容的真实性、体式的规范性和语言的简明性。

1.文体的实用性

应用性文体的实用性是指该类文体在处理公共事务和私人事务中具有实际应用的价值，它包括内容的现实性和时效性。内容的现实性是应用性文体最重要的特点，即应用性文体讲究"实用"，文章的内容要直接针对现实问题，首先要明确地摆出问题，继而要提出解决问题的具体意见、措施或办法。实用性是判断文章质量高低的标准。应用性文体的实用性还表现在文章的时效性上。应用性文体的时效性是指该类文章受时间的限制和约束，超过一定的时间期限，文章就会失去其实用价值。

应用文强调其实用性，为了使读者一目了然，一定要条理清晰，层次分明，针对性强。

2.内容的真实性

应用性文体内容的真实性是指该类文章的内容必须以事实为依据，不得虚构和杜撰，文中涉及的事实和数据材料等都要真实、准确，不得有任何的艺术加工，否则将承担数据和事实不真实带来的法律或行为责任。应用性文体最大的特点就是实用性，不管是用于什么目的都有很强的针对性。因此，应用性文体的语言必须简练准确，直截了当，就事论事，不作不必要的发挥，力求高雅 而不晦涩，平实但不平庸。

在英语中，应用性文体的语言通常都很准确，在写作时要思路清晰，精心选择字、词、句，反复推敲，每个词、每句话都必须有明确的含义，即用词要准确无误，造句要合乎语法和逻辑。另外，还要善于辨析词义，区别词的感情色彩，根据特定的语言环境选用最恰当的词语，避免用词含混，歧义迭出。

3.体式的规范性

应用性文体体式的规范性是指该类文体因目的不同而需要选用不同的文种，适应不同格式的要求。英语中的应用性文体种类繁多且各自都有相应的规定和要求，不能乱用。应用性文体体式的规范性主要表现在两个方面：一是文种的规范，即为不同的目的选用不同的文种；二是格式的规范，即不同的文种有不同的格式规范和要求，不能随意变更。

英语中的应用性文体在长期的交际、应用中逐渐形成了一些固定的格式。例如：

条据：由条据名称、条据内容、经手人姓名、出具条据的日期四部分组成。

书信：由称呼、信的内容、问候语、写信人姓名、日期五部分组成。

合同：由标题，双方单位名称（注明甲、乙方），签订合同的目的，双方议定的条件（双方的权利和义务，以及违约责任），注明合同份数、分发情况，签订合同双方的单位名称、代表姓名及见证单位名称、代表姓名签名盖章，签订合同的日期七部分组成。

以英语商务信函为例，英语商务信函主要由信头、日期、信内地址及名称、称呼语、正文、结束语和签名等几部分构成。

信头（letterhead）：包括写信方公司的名称、地址、电话、传真等内容。商务信函大多使用印有信头的公函信笺。

日期（date），即写信的日期：英语中日期的标注方式有英式和美式两种。英式标注是按月、日、年的顺序；美式标注是按日、月、年的顺序。由于有两种不同的标注方式，为了避免歧义，在标注日期时月份最好用字母拼出来或用简写。

信内地址（inside address）：写在信纸的右上角，在编号和日期下方。按公司名称或收信人姓名、职务，住宅或办公大楼名称、号码，所在街道或路的名称，省（市）名称及邮编，国家名称等从小到大的顺序排列。在一般的英文书信中这部分可以省略，但是在正式的商务信函中，此项不可省略。

称呼语（salutation）：如果知道对方姓名，就可以用"Dear Mr.××""Mrs. ××""Miss××"或"Ms.××"；如果不知道对方姓名，可以用 Dear Sir 或者 Dear Madam，也可以用 To whom if may concern；如对方职务较高，最好用其职务名称，如 Dear Prof. Smith，Dear Dr. Henson 等。称呼一家公司就用 Dear Sirs 或 Gentlemen（注意是复数形式）。

正文（body）：正文即信的主体部分，一般包括写信的原因、目的、己方的要求、对对方的期盼等内容。

结束礼辞（complimentary close）：英文中结尾礼辞一般用 Yours sincerely，Yours，Sincerely 等。值得注意的是，结束礼辞应该和称呼语相匹配，如果称呼语用 Dear Sir，Dear Sirs，Dear Madam，结束敬语就应该用 Yours faithfully；如果称呼语用 Dear Mr. John，Dear Mr. Smith 等，结束敬语就应该用 Yours sincerely。

签名（signature）：签名后的书信才能够使对方信服，也才具有法律效力。

附加部分：有时可以根据实际需要对信函的次要内容和遗漏的内容进行增补，包括：附件（enclosure），可缩写为"Enc."；再启（postscript），即附加遗漏内容，可缩写为"PS"；抄送（carbon copy notation），可缩写为"CC"等。例如：

Dear Helen,

It's been a few months since I last heard from you. I wonder if you have received the letter and the parcel I sent you last mouth. The parcel contained several articles you might be interested in. Please let me know whether you have received it or not. Paul has found a new job in a computer company. We are thinking about moving into a bigger house since the present one seems a bit too crowded. Please remember us to all our old friends. Best wishes to you all.

With love, Linda

这是一封信函，简短明了，主要是向 Helen 传递信息，没有多余的话语且重要信息放在前面：由于很长时间未收到 Helen 的信而表达对她的思念之情，继而询问 Helen 是否收到自己寄去的包裹，并盼回复。然后告诉对方自己的现状，最后是问候性套语。

该信函的程式性体现在其结构上，包括称谓（注意和汉语习惯不同的是 Dear Helen 后不是冒号，而是逗号），信函主体和问候敬语及落款签名等。

4.语言的简明性

应用性文体语言的简明性是指为了节约时间、提高办事效率，该类文章应该以言明事实、解决问题为主旨，在语言上力求简洁、明确，避免使用一些不切实际的赘述。

简明就是用最少的文字表达尽可能多的内容，做到"文简而义丰"。简明的语言要以清晰的思路、分析概括的能力和较高的文字修养为基础，能根据具体情况灵活处理，做到叙述平直，说明扼要，议论精当。译者要掌握一些相关的特定用语，而且要避免使用一些生僻的词语。

另外，语言的表述要得体。从语体来看，实用性文体的语言包括五种语体：庄重体（frozen style）、正式体（formal style）、商洽体（consultative style）、随意体（casual style）、亲密体（intimate style）等。

由于应用性文体应用范围广，写作目的丰富多样，写作对象的身份和亲疏远近不同，因此要根据写作的目的和对象的身份采用适当的语言，以求得体。语言的运用要与行文的目的、内容、对象、条件等特定需要相适应，在准确表达的基础上，语言或严肃，或亲切，或委婉，或恳切，等等。

语言得体的基本要求有以下几条：

一是要适应行文的语体风格，如告知性的文章应简明，请示性的文章应恳切，商洽性的文章要委婉等；

二是要分清与行文对象之间的关系，要注意使用雅语、敬语等，掌握好分寸；

三是要注意运用相关的专用语。

实用性文体语言的简明性主要是通过以下几种方式来实现的:

第一,为了表意清晰,行业术语和套语使用频繁。术语往往是由一定的行业协会审定并在该行业内普遍使用的概念或者词语。国内外均以标准文件的形式公布审定的术语。

第二,为了表意明确,有时需要用词正式。在一些正式场合,为了面对和适应高端读者和对象,文本往往需要体现出严肃性和高雅性,因而在行文时需要使用一些正式的和专业的用语才能传递出明确无误的信息。

第三,为了表述更严谨,长句与扩展句的使用较多。由于应用性文体涉及生产领域,与科技知识、法律规范等密切相关,因而需要明确而严谨的表述。有时为了表述明确,需要使用长句和扩展句来理顺逻辑,传递信息。

(二)应用性文体的作用

英语中的应用性文体在不同的历史时期,以其不同的内容和形式发挥着不同的社会作用。在现阶段,其作用主要表现在以下几个方面。

1.广告宣传,指导工作

有些形式的应用性文体是为了达到宣传教育或者指导工作的目的,教育和指导人们对某种行为在可行性与不可行性,合法性与非法性,合理性与不合理性等之间作出选择。

2.传递信息,处理事务

传递信息和处理事务是应用性文体的主要功能。人们往往通过信息的传递来处理事务或完成任务。

3.交流感情,协调沟通

有些形式的应用性文体是为了达到沟通交流的目的,常见的是各种信函。

4.依据和凭证

有些形式的应用性文体是为了起到凭证性作用,常见的凭证性应用文体包括合同、契约及接收条等。

二、应用性文体翻译的原则

在应用性文体的翻译过程中,很多译者会受到原文的约束而过分拘泥于文字形式,或者将其他文体如政论、文学的翻译标准和原则应用于应用性文体的翻译,结果闹出了很多笑话。

在翻译应用性文本材料时,如果出现理解偏差,还会造成因表意不明而产生的不良影响,甚至会导致严重的后果。应用性文体旨在在行文中体现作者的意图、主张或看法等,这一因素决定着文本的质量。在翻译过程中,译者应深入理解原文,按照译文习惯进行适应性调整,以迎合译文读者的阅读习惯;在内容上要追求"简明""达意",以实现这类文本的实用性目的。因此,在翻译这类文体的文本时,以"通俗达意"为原则比较合适。这里所说的"通俗达意"是指"意思不背原文,但又不过分拘泥于原文的程式约束和文字的次序,采用通俗明确的表达方式来传递原文的准确信息"。要想达到"通俗达意"的效果,在翻译时还应遵循专业化、民族化和简明化三大原则。

(一)专业化

英语中的应用性文体涉及的行业广,知识的专业化程度高,词语的意义往往因专业不同而有区别。应用性文体的专业术语复杂多样,译者应熟悉专业知识。例如,英语中 base 一词的本义是"基础",但在计算机领域其意义为"数据库";在数学领域其意义为"三角形的底边"(the base of the triangle);在机械领域其意义为"底座"(mechanical base);在军事领域其意义为"军事基地"(military base)等。再如,qualified acceptance 是指银行承兑制度中的"附条件(指规定的时间、地点和约定的条件)承兑",而不是"有资格接受";round figure 是会计和审计领域中关于金额的"整数",而不是"圆数";terminal market 是指贸易领域中的"期货市场",而不是"终端市场";等等。若对专业知识不熟悉,翻译出来的译文可能会产生歧义或者使人难以理解。

(二)民族化

由于不同民族的语言习惯不同,在应用性文体的格式上和表达上也必然存在差别。应用性文体的一些固定格式和表达方式是人们长期以来形成的一种习惯模式,如果违反了这些固定格式,就有可能达不到行文的目的。例如,在以英语为母语的美国和英国,年、月、日的表达形式也存在差异，如 2019 年 3 月 8 日，英式表达为 8 March, 2019，美式表达则为 March 8, 2019。如果在文体材料翻译中将两种形式弄混了，就会给人一种不专业的感觉，就像我们日常生活中将熟人的名字叫错了一样，会显得十分尴尬。

俗话说"入乡随俗"。在翻译应用性文体的材料时应该迎合目的语的语言习惯，用目的语的语言规范、表达方式来翻译原文比较合适，即要符合"俗达"原则。例如，英语警示语 Staff Only（员工专用），在汉语中习惯用"库房重地，闲人免进"或"员工专用"来表示；汉语中的"严禁烟火"，英语中习惯用 Keep off Fire 或者 Naked Light Is Prohibited 来表示。再如，英语中的 No Smoking 对应的是汉语中的"严禁吸烟"和"请勿吸烟"。

（三）简明化

应用性文体的功能是向读者传递信息且受时间、篇幅、费用等的限制而要求行文简洁明了。应用性文体语言的表述需要遵循准确、简练、质朴的原则。第一，准确。准确是指用词要切合语体习惯，表达要准确、连贯，逻辑性要强，造句要合乎语法等。例如，Emergency Exit Only 是一种存在状态的指示用名词性表述比较妥当，因此可以翻译为"紧急出口"；Climbing Is Prohibited 是强调禁止某种行为动作的实施，因而要用动名词形式，可翻译为"严禁攀爬"。第二，简练。简练是指语言的简洁和精练，即用最少的文字表达最丰富的内容。例如，警示标志 Strictly No Admittance（严禁入内），No Parking（不准停车），等等。

第三，质朴。质朴就是不用夸张和修饰性的语言进行表述，杜绝虚妄不实之词，保持写作的严肃性。例如，Road Work（道路施工），Closed（此路不通）等。

总之，在翻译应用性文体时，应以"通俗达意"为翻译原则，采用归化变通的翻译处理方法，用最精练的文字来传达最丰富、最完整的内容和信息。

三、应用性文体翻译的注意事项

与文学文体翻译相比，应用性文体翻译的本质是传递信息，强调真实性，重视信息传达的效度。然而，信息传达的效度取决于民族语言文化中的传统模式、价值观念、心理期待、认知能力、社会关系以及文本类型等制约参数。在翻译时只有全部或者部分满足这些制约参数时才能实现信息传递效度的最大化，因此应该将应用性文体的翻译视为一个可调节的动态信息传递过程。

应用性文体的翻译往往因为类型不同而有所侧重，例如，公文类文本注重言辞的准确性和格式的规范性；条据类文本注重内容的完整性和表述的严谨性；信函类文本注重语言的针对性和通俗性；礼仪类文本强调格式的程式性和言辞的恰当性；广告类文本注重内容的可接受性和语言的诱导性。

在翻译时，可以根据文本类型的应用目的和意图来决定翻译的策略和原则，要么侧重语言结构的严谨性，要么强调用词的精准性，要么重视风格的程式性，采用简化、调整、修正、套用等方法以适应目的语的语言文化习惯和读者的心理特点，从而达到用该类文体进行实际交流的目的。

（一）公文类文本

公文类文本是指一定的机关与组织在进行公务交流活动时，按照特定的程序和体式所形成的书面材料。公文类文本主要包括机关和组织的命令、决定、公告、通知、通报、请示、批复、公函、纪要等。公文类文本由以下几个部分组成：文件头、标题、发文字号、正文、签发人、报送机关、成文日期、印章等公文类文本一般要求：在内容和程序上要具有合法性；在形式和格式上要具有规范性；在逻辑上要具有严谨性；在语言上要具有简明性；在语体风格上要具有庄重性等。通常情况下，公文类文本是在机关系统内部传递政策、规定和指令信息的通常不需要进行翻译。但有时为了某种目的，或者需要了解相关信息，或者为其他企事业单位和个人出具证明，或者提供某种政策、规定等的阐释时，也需要对其进行翻译。需要注意的是，公文类文体有其特有的专门用语和尺牍规约，

也有其特定的使用场合和文本格式。这样，译文仅仅做到信息无误是不够的，还必须符合交际规约和尺牍格式。

（二）条据类文本

条据类文本是指为一定凭据目的而书写的简短信息文本。条据类文本主要包括两大类，即凭证式条据（如借条、欠条、领条、收据）和说明式条据（如请假条、留言条、托人办事条）。

凭证式条据是为日后起证明作用的条据式文本，其主要功能是起证据支撑和说明作

用。翻译这类文本要注意关键信息，如时间、地点、（款物的）数字、人员名称等。另外，在翻译这类文本时，要特别注意相关重要信息的表达。

（三）信函类文本

信函类文本是指人们为了进行非面对面的信息传递或处理事务时所撰写的书面文本。信函类文本主要包括公务信函、私人信函和商务信函等，其中私人信函主要涉及个人的感情和事务交流，在此不做讨论。公务信函主要是指政府机关之间、政府机关与企事业单位之间为处理有关事务而形成的书面文件。如果是由政府机关为企事业单位或者个人所出具的证明性文本材料，则属于公文的范畴。商务信函是指在日常的商务往来活动中用以处理商务事宜而进行相互联络和信息沟通的信函文书材料。商务信函主要包括建立业务关系函、询价函、商洽函、通函等。信函的语言特点是准确、简洁、得体等。

准确：信函的内容往往涉及双方的利益，存在着直接的利害关系，因而语言表述要完整、精确，不仅要用词精准，语法还要规范，甚至标点符号都要做到准确无误，以免引起歧义、误解，造成不必要的麻烦。

简洁：信函对所涉及的事项必须有具体、明确的表述，鉴于篇幅和时间的限制，应避免烦琐与冗长的表述，尽可能地用最少的文字表达最完整的意思，做到精准、简明，避免因过于烦琐而造成误解。

得体：信函是进行人际沟通的工具，为尊重对方而使用得体的语言，才更容易获得对方的认同，这样既有利于双方有效的沟通，也有利于关系的建立、维持与发展。

在翻译这类文本材料时，要遵循这类文本的语言风格，做到表述准确、语言得体、格式规范。特别是在翻译过程中，要注意格式的归化处理，以迎合译文读者的习惯，拉近与读者的距离。

（四）礼仪类文本

所谓礼仪，即礼节和仪式。礼仪类文本是指人们在社会交往活动中以尊重对方为要旨，在行文中遵守和顺应相关的礼仪规范的文本形式。这些礼仪强调格式的程式性和言辞的恰当性，包括称谓方式、排列的先后次序、礼貌用词等。以邀请函为例，英语邀请函每一行专注一个信息且是横向排列，汉语的邀请函则多纵向排列，其中的重点信息往往会通过不同的字体形式（大小、字体类型、打印与手写等）来突出显示。翻译时，要符合目的语的习惯，在格式上进行调整，采用汉语的纵向排列的方式行文；在用词上做一些礼仪性调整和处理，如"敬请""谨邀"等。

（五）广告类文本

广告类文本是指以社会公众为对象，以推广某种理念或者产品为目的而形成的口头或者书面信息文本。广告有以推广观点信念为目的的公益广告，还有以推销某种产品或者服务为目的的商业广告。

广告类文本具有自身的特色，首先是目的性，以传播和推销理念或者产品为目的；其次是诱导性，通过合理有效地运用语言，从心理层面对目标顾客形成诱惑，并对目标顾客进行某种引导；最后是简洁性，受篇幅与时间的限制，广告类文本往往通过浓缩的语言来传递丰富的信息。

译者在翻译广告类文本时，既要准确再现原文中诱导性的用词和表述，还要注意含义的明确性，表述要简洁。在翻译时，要让读者看得懂，翻译表达时既要符合目的语的表达习惯，又要简洁明了，最好采用归化性的表述。具体来说，可以从恰当的选词、流畅的语言和通俗的风格三个方面着手。

1. 恰当的选词

在翻译广告类文本材料时，选词要恰当。我们常常看到一些词不达意的广告类文本的翻译，例如，将 Park（公园）的标牌译成了"停车场"，在英语中，表达"停车场"意义的有"Parking Lots"或者"Parking Area"。虽然 park 一词作动词是"停（车）"的意思，但停车是一个操作行为，因此直接将 Park 翻译成"停车场"是不合适的。

2. 流畅的语言

发布广告的目的是推广思想观念或产品。因此，广告语要有一定的审美特点，既要表意准确，又要有一定的审美情趣。例如，在翻译公益广告"The teacher is the source of knowledge and the model of virtue."时，应尽量照应原文的风格，可采用对仗的修辞手法来对应英语的平行结构，因而这句话可翻译为："学高为师，身正为范。"

3. 通俗的风格

广告类文体材料往往受到时间和篇幅的限制，因此语言文字的表述通常以简约为主。在翻译时，既要保持简约的风格，同时还要满足目的语读者的认知需要，做到通俗易懂。例如，公益广告 No Spitting（请勿随地吐痰），Keep off the Grass（请勿践踏草坪），Emergency Exit（紧急疏散指示），Emergency Operation for Elevator Usage（电梯使用应急），Notice for Check-in（入住须知），Notice for Check-out（退房须知）等。

参 考 文 献

[1]张新红,何自然.语用翻译:语用学在翻译理论中的应用[J].现代外语,2001（3）：286.

[2]王爱琴.基于本土实用文本的翻译教学[J].中国科技翻译,2009（4）：29.

[3]李健.认知图式理论在翻译教学中的应用[J].长春工程学院学报（社会科学版）,2014,15（2）：146-148.

[4]赵海燕.认知图式理论在商务翻译教学中的应用[J].长春金融高等专科学校学报,2013（1）：55-57.

[5]武光军.翻译课程设计的理论体系与范式[J].中国翻译,2006（9）：14-16.

[6]教育部高等教育司.大学英语课程教学要求[M].北京：高等教育出版社,2007.

[7]仲伟合.译员的知识结构与口译课程设置[J].中国翻译,2003（4）：27.

[8]苗菊,朱琳.认知视角下的翻译思维与翻译教学研究[J].外语教学,2010（1）：98-100.

[9]吕立松,穆雷.计算机辅助翻译技术与翻译教学[J].外语界,2007（3）：35-43.

[10]熊静玲.中西文化大交融背景下的大学英语翻译教学[J].中外企业家,2016（28）：234-235.

[11]曹文娟,张婷.英语翻译教程[M].长春：吉林人民出版社,2019.

[12]薄振杰.中国高校英语专业本科翻译教学研究[M].济南：山东大学出版社,2011.